Von Prinzessinnen
und Königstöchtern

Von Prinzessinnen und Königstöchtern

Mit Bildern
von Anastassija Archipowa

esslinger

Mehr über unsere Bücher, Autoren und Illustratoren unter
www.esslinger-verlag.de
Brüder Grimm/Hans Christian Andersen
Von Prinzessinnen und Königstöchtern
ISBN 978-3-480-23288-8

Grafische Gestaltung: Tanja Haaf
Reproduktion: Schwabenrepro GmbH
Druck und Bindung: Livonia Print, Riga, Lettland

© 2016 Esslinger in der Thienemann-Esslinger Verlag GmbH
Blumenstraße 36, 70182 Stuttgart
Printed in Latvia

Inhalt

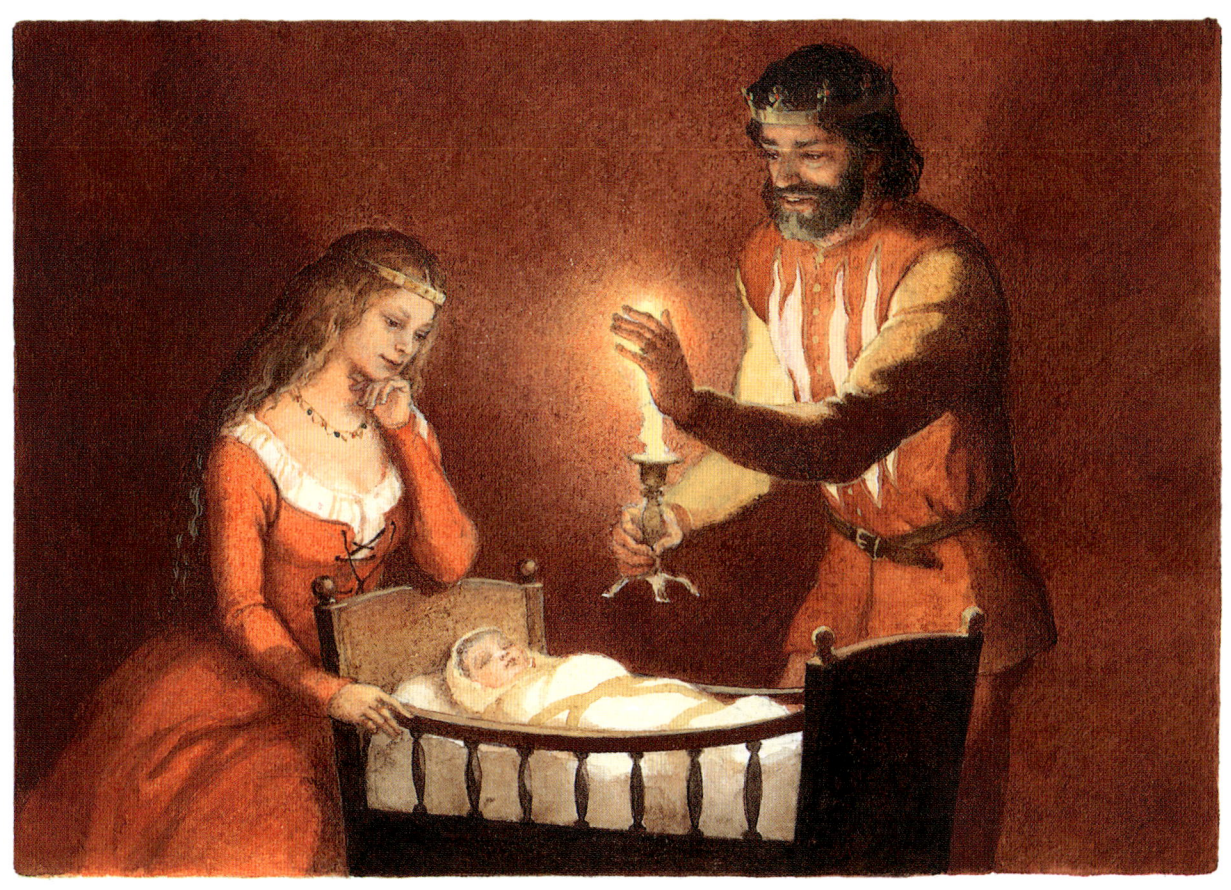

Dornröschen

Vor Zeiten war ein König und eine Königin, die sprachen jeden Tag: „Ach, wenn wir doch ein Kind hätten!", und kriegten immer keins. Da trug es sich zu, als die Königin einmal im Bade saß, dass ein Frosch aus dem Wasser ans Land kroch und zu ihr sprach: „Dein Wunsch wird erfüllt werden, ehe ein Jahr vergeht, wirst du eine Tochter zur Welt bringen." Was der Frosch gesagt hatte, das geschah und die Königin gebar ein Mädchen, das war so schön, dass der König vor Freude sich nicht zu lassen wusste und ein großes Fest anstellte. Er lud nicht bloß seine Verwandten, Freunde und Bekannten, sondern auch die weisen Frauen dazu ein, damit sie dem Kind hold und gewogen wären.

Es waren ihrer dreizehn in seinem Reiche, weil er aber nur zwölf goldene

Teller hatte, von welchen sie essen sollten, so musste eine von ihnen daheim bleiben. Das Fest ward mit aller Pracht gefeiert und als es zu Ende war, beschenkten die weisen Frauen das Kind mit ihren Wundergaben: Die eine mit Tugend, die andere mit Schönheit, die dritte mit Reichtum und so mit allem, was auf der Welt zu wünschen ist. Als elfe ihre Sprüche eben getan hatten, trat plötzlich die dreizehnte herein. Sie wollte sich dafür rächen, dass sie nicht eingeladen war und ohne jemand zu grüßen

8

oder nur anzusehen, rief sie mit lauter Stimme: „Die Königstochter soll sich in ihrem fünfzehnten Jahr an einer Spindel stechen und tot hinfallen." Und ohne ein Wort weiter zu sprechen, kehrte sie sich um und verließ den Saal.

Alle waren erschrocken, da trat die zwölfte hervor, die ihren Wunsch noch übrig hatte und weil sie den bösen Spruch nicht aufheben, sondern ihn nur mildern konnte, so sagte sie: „Es soll aber kein Tod sein, sondern ein hundertjähriger, tiefer Schlaf, in welchen die Königstochter fällt."

Der König, der sein liebes Kind vor dem Unglück gern bewahren wollte, ließ den Befehl ausgehen, dass alle Spindeln im ganzen Königreiche sollten verbrannt werden. An dem Mädchen aber wurden die Gaben der weisen Frauen sämtlich erfüllt, denn es war so schön, sittsam, freundlich und verständig, dass es jedermann, der es ansah, lieb haben musste.

Es geschah, dass an dem Tage, wo es gerade fünfzehn Jahre alt ward, der König und die Königin nicht zu Hause waren und das Mädchen ganz alleine im Schloss zurückblieb.

Da ging es aller Orten herum, besah Stuben und Kammern, wie es Lust hatte und kam endlich auch an einen alten Turm. Es stieg die enge Wendeltreppe hinauf und gelangte zu einer kleinen Türe. In dem Schloss steckte ein Schlüssel und als es ihn umdrehte, sprang die Türe auf und es saß da in einem kleinen Stübchen eine alte Frau mit einer Spindel und spann emsig ihren Flachs.

„Guten Tag, du altes Mütterchen", sprach die Königstochter, „was machst du da?"

„Ich spinne", sagte die Alte und nickte mit dem Kopf.

„Was ist das für ein Ding, das so lustig herumspringt?", sprach das Mädchen, nahm die Spindel und wollte auch spinnen. Kaum hatte sie aber die Spindel angerührt, so ging der Zauberspruch in Erfüllung und sie stach sich damit in den Finger. In dem Augenblick aber, wo sie den Stich empfand, fiel sie auf das Bett nieder, das da stand und lag in einem tiefen Schlaf.

Und dieser Schlaf verbreitete sich über das ganze Schloss: Der König und die Königin, die eben heimgekommen waren und in den Saal getreten waren, fingen an, einzuschlafen und der ganze Hofstaat mit ihnen. Da schliefen auch die Pferde im Stall, die Hunde im Hof, die Tauben auf dem Dache, die Fliegen an der Wand, ja, das Feuer, das auf dem Herd flackerte, ward still und schlief ein und der Braten hörte auf zu brutzeln.

Und der Koch, der den Küchenjungen, weil er etwas versehen hatte, in den Haaren ziehen wollte, ließ ihn los und schlief. Und der Wind legte sich und auf den Bäumen vor dem Schloss regte sich kein Blättchen mehr.

Rings um das Schloss aber begann eine Dornenhecke zu wachsen, die jedes Jahr höher und höher ward und endlich das ganze Schloss umzog und darüber hinaus wuchs, dass gar nichts mehr davon zu sehen war,

selbst nicht die Fahne auf dem Dach. Es ging aber die Sage in dem Land von dem schönen, schlafenden Dornröschen, denn so ward die Königstochter genannt, also dass von Zeit zu Zeit Königssöhne kamen und durch die Hecke in das Schloss dringen wollten. Es war ihnen aber nicht möglich, denn die Dornen, als hätten sie Hände, hielten fest zusammen und die Jünglinge blieben darin hängen, konnten sich nicht wieder losmachen und starben eines jämmerlichen Todes.

Nach langen, langen Jahren kam wieder einmal ein Königssohn in das

11

Land und hörte, wie ein alter Mann von der Dornenhecke erzählte. Es sollte ein Schloss dahinter stehen, in welchem eine gar wunderschöne Königstochter, Dornröschen genannt, schon seit hundert Jahren schliefe und mit ihr schliefe der König und die Königin und der ganze Hofstaat. Er wusste auch von seinem Großvater, dass schon viele Königssöhne gekommen wären und versucht hätten, durch die Dornenhecke zu dringen, aber sie wären darin hängen geblieben und eines traurigen Todes gestorben. Da sprach der Jüngling: „Ich fürchte mich nicht, ich will hinaus und das schöne Dornröschen sehen."

Der gute Alte mochte ihm abraten, wie er wollte, er hörte nicht auf seine Worte. Nun waren aber gerade die hundert Jahre verflossen und der Tag war gekommen, wo Dornröschen wieder erwachen sollte.

Als der Königssohn sich der Dornenhecke näherte, waren es lauter große, schöne Blumen, die taten sich von selbst auseinander und ließen ihn unbeschädigt hindurch und hinter ihm taten sie sich wieder als Hecke zusammen.

Im Schlosshof sah er die Pferde und scheckigen Jagdhunde liegen und schlafen. Auf dem Dache saßen die Tauben und hatten das Köpfchen unter den Flügel gesteckt. Und als er ins Haus kam, schliefen die Fliegen an der Wand, der Koch in der Küche hielt noch die Hand, als wollte er den Jungen anpacken und die Magd saß vor dem schwarzen Huhn, das sollte gerupft werden.

Da ging er weiter und sah im Saale den ganzen Hofstaat liegen und schlafen und oben bei dem Throne lag der König und die Königin. Da ging er noch weiter und alles war so still und endlich kam er zu dem Turm und öffnete die Türe zu der kleinen Stube, in welcher Dornröschen schlief.

Da lag es und war so schön, dass er die Augen nicht abwenden konnte und er gab ihm einen Kuss.

Wie er es mit dem Kuss berührt hatte, schlug Dornröschen die Augen auf, erwachte und blickte ihn ganz freundlich an.

Da gingen sie zusammen herab und der König erwachte und die Königin und der ganze Hofstaat und sahen einander mit großen Augen an. Und die Pferde im Hof standen auf und rüttelten sich, die Jagdhunde sprangen und wedelten, die Tauben auf dem Dache zogen das Köpfchen unterm Flügel hervor, sahen umher und flogen ins Feld, die Fliegen an den Wänden krochen weiter, das Feuer in der Küche erhob sich, flackerte und kochte das Essen, der Braten fing wieder an zu brutzeln, der Koch gab dem Jungen eine Ohrfeige, dass er schrie, und die Magd rupfte das Huhn fertig.

Und da wurde die Hochzeit des Königssohns mit dem Dornröschen in aller Pracht gefeiert und sie lebten vergnügt bis an ihr Ende.

Aschenputtel

Einem reichen Manne, dem wurde seine Frau krank und als sie fühlte, dass ihr Ende herankam, rief sie ihr einziges Töchterlein zu sich ans Bett und sprach: „Liebes Kind, bleib fromm und gut, so wird dir der liebe Gott immer beistehen und ich will vom Himmel auf dich herabblicken und will um dich sein."

Darauf tat sie die Augen zu und verschied. Das Mädchen ging jeden Tag hinaus zu dem Grabe der Mutter und weinte und blieb fromm und gut. Als der Winter kam, deckte der Schnee ein weißes Tüchlein auf das Grab und als die Sonne im Frühjahr es wieder herabgezogen hatte, nahm sich der Mann eine andere Frau. Die Frau hatte zwei Töchter mit ins Haus gebracht, die schön und weiß von Angesicht waren, aber garstig und schwarz von Herzen. Da ging eine schlimme Zeit für das arme Stiefkind an.

„Soll die dumme Gans bei uns in der Stube sitzen?", sprachen sie. „Wer Brot essen will, muss es verdienen. Hinaus mit der Küchenmagd!" Sie nahmen ihm seine schönen Kleider weg, zogen ihm einen grauen, alten Kittel an und gaben ihm hölzerne Schuhe. „Seht einmal die stolze Prinzessin, wie sie geputzt ist!", riefen sie, lachten und führten es in die Küche.

Da musste es vom Morgen bis zum Abend schwere Arbeit tun, früh vor Tag aufstehn, Wasser tragen, Feuer anmachen, kochen und waschen. Obendrein taten ihm die Schwestern alles ersinnliche Herzeleid an, verspotteten es und schütteten ihm die Erbsen und Linsen in die Asche, sodass es sitzen und sie wieder auslesen musste.

Abends, wenn es sich müde gearbeitet hatte, kam es in kein Bett, sondern musste sich neben dem Herd in die Asche legen. Und weil es darum immer staubig und schmutzig aussah, nannten sie es Aschenputtel.

Es trug sich zu, dass der Vater einmal in die Messe ziehen wollte, da fragte er die beiden Stieftöchter, was er ihnen mitbringen sollte.

„Schöne Kleider", sagte die eine, „Perlen und Edelsteine", die zweite. „Aber du, Aschenputtel", sprach er, „was willst du haben?"

„Vater, das erste Reis, das Euch auf Eurem Heimweg an den Hut stößt, das brecht für mich ab."

Er kaufte nun für die beiden Stiefschwestern schöne Kleider, Perlen
und Edelsteine und auf dem Rückweg,
als er durch einen grünen Busch ritt,
streifte ihn ein Haselreis und stieß
ihm den Hut ab. Da brach er das
Reis ab und nahm es mit. Als er nach
Haus kam, gab er den Stieftöchtern,
was sie sich gewünscht hatten und
dem Aschenputtel gab er das Reis
von dem Haselbusch. Aschenputtel

dankte ihm, ging zu seiner Mutter
Grab und pflanzte das Reis darauf
und weinte so sehr, dass die Tränen
darauf niederfielen und es begossen.
Es wuchs aber und ward ein schöner
Baum.
Aschenputtel ging alle Tage dreimal
darunter, weinte und betete und
allemal kam ein weißes Vöglein
auf den Baum und wenn es
einen Wunsch aussprach, so warf

ihm das Vöglein herab, was es sich gewünscht hatte.

Es begab sich aber, dass der König ein Fest anstellte, das drei Tage dauern sollte und wozu alle schönen Jungfrauen im Lande eingeladen wurden, damit sich sein Sohn eine Braut aussuchen möchte. Die zwei Stiefschwestern, als sie hörten, dass sie auch dabei erscheinen sollten, waren guter Dinge, riefen Aschenputtel und sprachen: „Kämm' uns die Haare, bürste uns die Schuhe und mache uns die Schnallen fest, wir gehen zur Hochzeit auf des Königs Schloss.“

Aschenputtel gehorchte, weinte aber, weil es auch gern zum Tanz mitgegangen wäre und bat die Stiefmutter, sie möchte es ihm erlauben.

„Du Aschenputtel“, sprach sie, „bist voll Staub und Schmutz und willst

zur Hochzeit? Du hast keine Kleider und Schuhe und willst tanzen?"

Als es aber mit Bitten anhielt, sprach sie endlich: „Da habe ich dir eine Schüssel Linsen in die Asche geschüttet, wenn du die Linsen in zwei Stunden wieder ausgelesen hast, so sollst du mitgehen."

Das Mädchen ging durch die Hintertüre nach dem Garten und rief: „Ihr zahmen Täubchen, ihr Turteltäubchen, all ihr Vöglein unter dem Himmel, kommt und helft mir lesen:

Die guten ins Töpfchen,
die schlechten ins Kröpfchen."

Da kamen zum Küchenfenster zwei weiße Täubchen herein und danach die Turteltäubchen und endlich schwirrten und schwärmten alle Vöglein unter dem Himmel herein und ließen sich um die Asche nieder. Und die Täubchen nickten mit den

Köpfchen und fingen an pik, pik, pik, pik und da fingen die übrigen auch an pik, pik, pik, pik und lasen alle guten Körnlein in die Schüssel. Kaum war eine Stunde herum, so waren sie schon fertig und flogen alle wieder hinaus.

Da brachte das Mädchen die Schüssel der Stiefmutter, freute sich und glaubte, es dürfte nun mit auf die Hochzeit gehen.

Aber sie sprach: „Nein, Aschenputtel, du hast keine Kleider und kannst nicht tanzen. Du wirst nur ausgelacht."

Als es nun weinte, sprach sie: „Wenn du mir zwei Schüsseln voll Linsen in einer Stunde aus der Asche rein lesen kannst, so sollst du mitgehen", und dachte: „Das kann es ja nimmermehr."

Als sie die zwei Schüsseln Linsen in die Asche geschüttet hatte, ging das

Mädchen durch die Hintertüre nach dem Garten und rief:

„Ihr zahmen Täubchen, ihr Turteltäubchen, all ihr Vöglein unter dem Himmel, kommt und helft mir lesen:

Die guten ins Töpfchen,
die schlechten ins Kröpfchen."

Da kamen zum Küchenfenster zwei weiße Täubchen herein und danach die Turteltäubchen und endlich schwirrten und schwärmten alle Vöglein unter dem Himmel herein und ließen sich um die Asche nieder. Und die Täubchen nickten mit ihren Köpfchen und fingen an pik, pik, pik, pik und da fingen die übrigen auch an pik, pik, pik, pik und lasen alle guten Körner in die Schüsseln. Und eh' eine halbe Stunde herum war, waren sie schon fertig und flogen alle wieder hinaus. Da trug das Mädchen die Schüsseln zu der Stiefmutter, freute

sich und glaubte, nun dürfte es mit auf die Hochzeit gehen.

Aber sie sprach: „Es hilft dir alles nichts. Du kommst nicht mit, denn du hast keine Kleider und kannst nicht tanzen. Wir müssten uns deiner schämen."

Darauf kehrte sie ihm den Rücken und fuhr mit ihren zwei stolzen Töchtern fort. Als nun niemand mehr daheim war, ging Aschenputtel zu seiner Mutter Grab unter dem Haselbaum und rief: „Bäumchen, rüttel' dich und schüttel' dich, wirf Gold und Silber über mich."

Da warf ihm der Vogel ein golden und silbern Kleid herunter und mit Seide und Silber ausgestickte Pantoffeln. In aller Eile zog es das Kleid an und ging zur Hochzeit. Seine Schwestern aber und die Stiefmutter kannten es nicht und meinten, es müsste eine fremde Königstochter sein, so schön sah es in dem goldenen Kleide aus. An Aschenputtel dachten sie gar nicht und dachten, es säße daheim im Schmutz und suchte die Linsen aus der Asche.

Der Königssohn kam ihm entgegen, nahm es bei der Hand und tanzte mit ihm. Er wollte auch mit sonst niemand tanzen, also dass er ihm die Hand nicht losließ und wenn ein

anderer kam, es aufzufordern, sprach er: „Das ist meine Tänzerin.“

Es tanzte, bis es Abend war, da wollte es nach Hause gehen. Der Königssohn aber sprach: „Ich gehe mit und begleite dich“, denn er wollte sehen, wem das schöne Mädchen angehörte. Sie entwischte ihm aber und sprang in das Taubenhaus. Nun wartete der Königssohn, bis der Vater kam und sagte ihm, das fremde Mädchen wär' in das Taubenhaus gesprungen.

Der Alte dachte: „Sollte es Aschenputtel sein“, und sie mussten ihm Axt und Hacken bringen, damit er das Taubenhaus entzweischlagen konnte. Aber es war niemand darin. Und als sie ins Haus kamen, lag Aschenputtel in seinen schmutzigen Kleidern in der Asche und ein trübes

Öllämpchen brannte im Schornstein,
denn Aschenputtel war geschwind
aus dem Taubenhaus hinten herabgesprungen und war zu dem Haselbäumchen gelaufen. Da hatte es
die schönen Kleider abgezogen und
aufs Grab gelegt und der Vogel hatte
sie wieder weggenommen und dann
hatte es sich in seinem grauen Kittelchen in der Küche zur Asche gesetzt.
Am andern Tag, als das Fest von
Neuem anhub und die Eltern und
Stiefschwestern wieder fort waren,
ging Aschenputtel zu dem Haselbaum und sprach: „Bäumchen, rüttel' dich und schüttel' dich, wirf Gold
und Silber über mich." Da warf der
Vogel ein noch viel stolzeres Kleid
herab als am vorigen Tag. Und als es
mit diesem Kleide auf der Hochzeit
erschien, erstaunte jedermann über
seine Schönheit.
Der Königssohn aber hatte gewartet, bis es kam, nahm es gleich bei
der Hand und tanzte nur allein mit
ihm. Wenn die andern kamen und es

aufforderten, sprach er: „Das ist meine Tänzerin."

Als es nun Abend war, wollte es fort und der Königssohn ging ihm nach und wollte sehen, in welches Haus es ging. Aber es sprang ihm fort und in den Garten hinter dem Haus. Darin stand ein schöner großer Baum, an dem die herrlichsten Birnen hingen, es kletterte so behänd wie ein Eichhörnchen zwischen die Äste und der Königssohn wusste nicht, wo es hingekommen war. Er wartete aber, bis der Vater kam und sprach zu ihm: „Das fremde Mädchen ist mir entwischt und ich glaube, es ist auf den Birnbaum gesprungen."

Der Vater dachte: „Sollte es Aschenputtel sein", ließ sich die Axt holen und hieb den Baum um, aber es war niemand darauf. Und als sie in die Küche kamen, lag Aschenputtel da in der Asche, wie sonst auch, denn es war auf der andern Seite vom Baum herabgesprungen, hatte dem Vogel auf dem Haselbäumchen die schönen

Kleider wieder gebracht und sein graues Kittelchen angezogen.

Am dritten Tag, als die Eltern und Schwestern fort waren, ging Aschenputtel wieder zu seiner Mutter Grab und sprach zu dem Bäumchen: „Bäumchen, rüttel' dich und schüttel' dich, wirf Gold und Silber über mich."

Nun warf ihm der Vogel ein Kleid herab, das war so prächtig und glänzend, wie es noch keins gehabt hatte und die Pantoffeln waren ganz golden. Als es in dem Kleid zu der Hochzeit kam, wussten sie alle nicht, was sie vor Verwunderung sagen sollten. Der Königssohn tanzte ganz allein mit ihm und wenn es einer aufforderte, sprach er: „Das ist meine Tänzerin." Als es nun Abend war, wollte Aschenputtel fort und der Königssohn wollte es begleiten, aber es entsprang ihm so geschwind, dass er nicht folgen konnte. Der Königssohn hatte aber eine List gebraucht und hatte die Treppe mit Pech bestreichen lassen. Da war, als es hinabsprang, der linke Pantoffel des Mädchens hängengeblieben. Der Königssohn hob ihn auf und er war klein und zierlich und ganz golden. Am nächsten Morgen ging er damit zu dem Mann und sagte zu ihm: „Keine andere soll meine

Gemahlin werden, als die, an deren Fuß dieser goldene Schuh passt."

Da freuten sich die beiden Schwestern, denn sie hatten schöne Füße. Die Älteste ging mit dem Schuh in die Kammer und wollte ihn anprobieren und die Mutter stand dabei. Aber sie konnte mit der großen Zehe nicht hineinkommen und der Schuh war ihr zu klein, da reichte ihr die Mutter ein Messer und sprach: „Hau die Zehe ab. Wenn du Königin bist, so brauchst du nicht mehr zu Fuß zu gehen."

Das Mädchen hieb die Zehe ab, zwängte den Fuß in den Schuh, verbiss den Schmerz und ging heraus zum Königssohn. Da nahm er sie als seine Braut aufs Pferd und ritt mit ihr fort. Sie mussten aber an dem Grabe vorbei, da saßen die zwei Täubchen auf dem Haselbäumchen und riefen:

„Rucke di guck, rucke di guck,
Blut ist im Schuck (Schuh):
Der Schuck ist zu klein,
die rechte Braut sitzt noch daheim."

Da blickte er auf ihren Fuß und sah, wie das Blut herausquoll. Er wendete sein Pferd um, brachte die falsche

Braut wieder nach Haus und sagte, das wäre nicht die rechte, die andere Schwester sollte den Schuh anziehen. Da ging diese in die Kammer und kam mit den Zehen glücklich in den Schuh, aber die Ferse war zu groß. Da reichte ihr die Mutter ein Messer und sprach: „Hau ein Stück von der Ferse ab. Wenn du Königin bist, brauchst du nicht mehr zu Fuß zu gehen."

Das Mädchen hieb ein Stück von der Ferse ab, zwängte den Fuß in den Schuh, verbiss den Schmerz und ging heraus zum Königssohn. Da nahm er sie als seine Braut aufs Pferd und ritt mit ihr fort. Als sie an dem Haselbäumchen vorbeikamen, da saßen die zwei Täubchen darauf und riefen:

> „Rucke di guck, rucke di guck,
> Blut ist im Schuck:
> Der Schuck ist zu klein,
> die rechte Braut sitzt noch daheim."

Er blickte nieder auf ihren Fuß und sah, wie das Blut aus dem Schuh quoll und an den weißen Strümpfen ganz rot heraufgestiegen war. Da wendete er sein Pferd und brachte die falsche Braut wieder nach Haus.

„Das ist auch nicht die rechte", sprach er, „habt ihr keine andere Tochter?"

„Nein", sagte der Mann, „nur von meiner verstorbenen Frau ist noch ein kleines, verbuttetes Aschenputtel

da. Das kann unmöglich die Braut sein."

Der Königssohn sprach, er sollte es heraufschicken, die Mutter aber antwortete: „Ach nein, das ist viel zu schmutzig, das darf sich nicht sehen lassen."

Er wollte es aber durchaus haben und Aschenputtel musste gerufen werden. Da wusch es sich erst Hände und Angesicht rein, ging dann hin und neigte sich vor dem Königssohn, der ihm den goldenen Schuh reichte.

Dann setzte es sich auf einen Schemel, zog den Fuß aus dem schweren Holzschuh und steckte ihn in den Pantoffel, der war wie angegossen. Und als es sich in die Höhe richtete und der Königssohn ihm ins Gesicht sah, so erkannte er das schöne Mädchen, das mit ihm getanzt hatte und rief: „Das ist die rechte Braut!"

Die Stiefmutter und die beiden Schwestern erschraken und wurden bleich vor Ärger. Er aber nahm Aschenputtel aufs Pferd und ritt mit ihm fort. Als sie an dem Haselbäumchen vorbeikamen, riefen die zwei weißen Täubchen:

„Rucke di guck, rucke di guck,
kein Blut ist im Schuck:
Der Schuck ist nicht zu klein,
die rechte Braut, die führt er heim."

Und als sie das gerufen hatten, kamen sie beide herabgeflogen und setzten sich dem Aschenputtel auf die Schultern, eine rechts, die andere links und blieben da sitzen.

Als die Hochzeit sollte gehalten werden, kamen die falschen Schwestern, wollten sich einschmeicheln und teil an seinem Glück nehmen. Als die Brautleute nun zur Kirche gingen, war die Älteste zur rechten, die Jüngste zur linken Seite.

Da pickten die Tauben einer jeden das eine Auge aus. Hernach als sie herausgingen, war die Älteste zur linken und die Jüngste zur rechten, da pickten die Tauben einer jeden das andere Auge aus. Und waren sie also für ihre Bosheit und Falschheit mit Blindheit auf ihr Lebtag gestraft.

Die zertanzten Schuhe

Es war einmal ein König, der hatte zwölf Töchter, eine immer schöner als die andere. Sie schliefen zusammen in einem Saal, wo ihre Betten nebeneinander standen, und abends, wenn sie darin lagen, schloss der König die Tür zu und verriegelte sie. Wenn er aber am Morgen die Türe aufschloss, so sah er, dass ihre Schuhe zertanzt waren, und niemand konnte herausbringen, wie das zugegangen war. Da ließ der König ausrufen, wer es könnte ausfindig machen, wo sie in der Nacht tanzten, der sollte sich eine davon zur Frau wählen und nach seinem Tod König sein.

Wer sich aber meldete und es nach drei Tagen und Nächten nicht herausbrächte, der hätte sein Leben verwirkt. Nicht lange, so meldete sich ein Königssohn und erbot sich, das Wagnis zu unternehmen. Er ward wohl aufgenommen und abends in ein Zimmer geführt, das an den Schlafsaal grenzte. Sein Bett war da aufgeschlagen, und er sollte achthaben, wo sie hingingen und tanzten. Und damit sie nichts heimlich treiben konnten oder zu einem andern Ort hinausgingen, war auch die Saaltüre offen gelassen.

Dem Königssohn fiel es aber wie Blei auf die Augen und er schlief ein, und als er am Morgen aufwachte, waren alle Zwölfe zum Tanz gewesen, denn ihre Schuhe standen da und hatten Löcher in den Sohlen. Den zweiten und dritten Abend ging es nicht anders, und da ward ihm sein Haupt ohne Barmherzigkeit abgeschlagen. Es kamen hernach noch viele und meldeten sich zu dem Wagestück, sie mussten aber alle ihr Leben lassen.

Nun trug es sich zu, dass ein armer Soldat, der eine Wunde hatte und nicht mehr dienen konnte, sich auf dem Weg nach der Stadt befand, wo der König wohnte. Da begegnete ihm eine alte Frau, die fragte ihn, wo er hin wollte.

„Ich weiß selber nicht recht“, sprach er und setzte im Scherz hinzu. „Ich hätte wohl Lust, ausfindig zu machen, wo die Königstöchter ihre Schuhe vertanzen, und danach König zu werden."

„Das ist so schwer nicht", sagte die Alte. „Du musst nur den Wein nicht trinken, der dir abends gebracht wird, und musst tun, als wärst du fest eingeschlafen." Darauf gab sie ihm ein Mäntelchen und sprach: „Wenn du das umhängst, so bist du unsichtbar und kannst den Zwölfen dann nachschleichen."

Wie der Soldat den guten Rat bekommen hatte, ward es Ernst bei ihm, sodass er sich ein Herz fasste, vor den König ging und sich als Freier meldete. Er ward so gut aufgenommen wie die andern auch, und es wurden ihm königliche Kleider angetan. Abends zur Schlafenszeit ward er in das Vorzimmer geführt, und als er zu Bette gehen wollte, kam die Älteste und brachte ihm einen Becher Wein. Aber er hatte sich einen Schwamm unter das Kinn gebunden, ließ den Wein da hineinlaufen und trank keinen Tropfen. Dann legte er sich nieder, und als er ein Weilchen gelegen hatte, fing er an zu schnarchen wie im tiefsten Schlaf.

Das hörten die Königstöchter, lachten, und die Älteste sprach: „Der hätte auch sein Leben sparen können."

Danach standen sie auf, öffneten Schränke, Kisten und Kästen, und holten prächtige Kleider heraus. Sie putzten sich vor den Spiegeln, sprangen herum und freuten sich auf den Tanz.

Nur die Jüngste sagte: „Ich weiß nicht, ihr freut euch, aber mir ist so wunderlich zumute. Gewiss widerfährt uns ein Unglück."

„Du bist eine Schneegans", sagte die Älteste, „die sich immer fürchtet.

Hast du vergessen, wie viele Königssöhne schon umsonst dagewesen sind? Dem Soldaten hätt ich nicht einmal brauchen einen Schlaftrunk zu geben, der Lümmel wäre doch nicht aufgewacht."

Wie sie alle fertig waren, sahen sie erst nach dem Soldaten, aber der hatte die Augen zugetan, rührte und regte sich nicht, und sie glaubten, nun ganz sicher zu sein. Da ging die Älteste an ihr Bett und klopfte daran. Alsbald sank es in die Erde, und sie stiegen durch die Öffnung hinab, eine nach der andern, die Älteste voran. Der Soldat, der alles mit angesehen hatte, zauderte nicht lange, hing sein Mäntelchen um und stieg hinter der Jüngsten mit hinab. Mitten auf der Treppe trat er ihr ein wenig aufs Kleid, da erschrak sie und rief: „Was ist das? Wer hält mich am Kleid?"

„Sei nicht so einfältig", sagte die Älteste. „Du bist an einem Haken hängen geblieben."

Da gingen sie vollends hinab, und wie sie unten waren, standen sie in einem wunderprächtigen Baumgang, da waren alle Blätter von Silber und schimmerten und glänzten.

Der Soldat dachte: „Du willst dir ein Wahrzeichen mitnehmen", und brach einen Zweig davon ab.

Da fuhr ein gewaltiger Krach aus dem Baume.

Die Jüngste rief wieder: „Es ist nicht richtig, habt ihr den Knall gehört?"

Die Älteste aber sprach: „Das sind Freudenschüsse, weil wir unsere Prinzen bald erlöst haben."

Sie kamen darauf in einen Baumgang, wo alle Blätter von Gold, und endlich in einen dritten, wo sie klarer Demant waren: Von beiden brach er einen Zweig ab, wobei es jedes Mal krachte, dass die Jüngste vor Schrecken zusammenfuhr. Aber die Älteste blieb dabei, es wären Freudenschüsse.

Sie gingen weiter und kamen zu einem großen Wasser, darauf standen zwölf Schifflein, und in jedem Schifflein saß ein schöner Prinz, die hatten auf die Zwölfe gewartet, und jeder nahm eine zu sich, der Soldat aber setzte sich mit der Jüngsten ein.

Da sprach der Prinz: „Ich weiß nicht. Das Schiff ist heute viel schwerer, und ich muss aus allen Kräften rudern, wenn ich es fortbringen soll."

„Wovon sollte das kommen", sprach die Jüngste, „als vom warmen Wetter, es ist mir auch so heiß zumut."

Jenseits des Wassers aber stand ein schönes, hell erleuchtetes Schloss, woraus eine lustige Musik erschallte von Pauken und Trompeten.

Sie ruderten hinüber, traten ein, und jeder Prinz tanzte mit seiner Liebsten. Der Soldat aber tanzte unsichtbar mit, und wenn eine einen Becher mit Wein hielt, so trank er ihn aus, dass er leer war, wenn sie ihn an den Mund brachte; und der Jüngsten ward auch angst darüber, aber die Älteste brachte sie immer zum Schweigen.

Sie tanzten da bis drei Uhr am andern Morgen, wo alle Schuhe durchgetanzt waren und sie aufhören mussten. Die Prinzen fuhren sie über das Wasser wieder zurück, und der Soldat setzte sich diesmal vorne hin zur Ältesten. Am Ufer nahmen sie von ihren Prinzen Abschied und versprachen, in der folgenden Nacht wiederzukommen. Als sie an der Treppe waren, lief der Soldat voraus und legte sich in sein Bett, und als die Zwölf langsam und müde heraufgetrippelt kamen, schnarchte er schon wieder so laut, dass sie es alle hören konnten, und sie sprachen: „Vor dem sind wir sicher." Da taten sie ihre schönen Kleider aus, brachten sie weg, stellten die zertanzten Schuhe unter das Bett und legten sich nieder.

Am andern Morgen wollte der Soldat nichts sagen, sondern das wunderliche Treiben noch mit ansehen, und ging die zweite und die dritte Nacht wieder mit. Da war alles wie das erste Mal, und sie tanzten jedes Mal, bis die Schuhe entzwei waren. Das dritte Mal aber nahm er zum Wahrzeichen einen Becher mit. Als die Stunde gekommen war, wo er antworten sollte, steckte er die drei Zweige und den Becher zu sich und ging vor den König, die Zwölfe aber standen hinter der Türe und horchten, was er sagen würde.

Als der König die Frage tat: „Wo haben meine zwölf Töchter ihre Schuhe in der Nacht vertanzt?"

Da antwortete er: „Mit zwölf Prinzen in einem unterirdischen Schloss", und berichtete, wie es zugegangen war, und holte die Wahrzeichen hervor.

Da ließ der König seine Töchter kommen und fragte sie, ob der Soldat die Wahrheit gesagt hätte, und da sie sahen, dass sie verraten waren und leugnen nichts half, so mussten sie alles eingestehen.

Darauf fragte ihn der König, welche er zur Frau haben wollte. Der Soldat antwortete: „Ich bin nicht mehr jung, so gebt mir die Älteste."

Da ward noch am selbigen Tage die Hochzeit gehalten und ihm das Reich nach des Königs Tode versprochen. Aber die Prinzen wurden auf so viel Tage wieder verwünscht, als sie Nächte mit den Zwölfen getanzt hatten.

Die kleine Seejungfrau

Weit draußen im Meer ist das Wasser so blau wie Kornblumen und so klar wie das reinste Glas, aber auch so tief, dass viele Kirchtürme aufeinander gestellt werden müssten, um von dem Grund bis über das Wasser zu reichen. Dort unten wachsen die sonderbarsten Bäume und Pflanzen, die so geschmeidige Stängel und Blätter haben, dass sie sich bei der geringsten Bewegung des Wassers rühren. Alle Fische, kleine und große, huschen zwischen den Zweigen umher wie bei uns die Vögel in der Luft.

An der tiefsten Stelle liegt das Schloss des Meerkönigs. Die Mauern sind aus Korallen und die langen spitzen Fenster von klarstem Bernstein.

Der Meerkönig da unten war seit vielen Jahren Witwer, aber seine alte Mutter stand seinem Haushalt vor. Sie war eine kluge Frau und liebte ihre Enkelinnen, die Meerprinzessinnen, über alles. Es waren sechs schöne Kinder, aber die Jüngste war die Schönste von allen, ihre Haut so zart wie ein Rosenblatt, ihre Augen so blau wie die tiefste See, aber ebenso wie die anderen hatte sie keine Füße. Der Körper endete in einem Fischschwanz.

Den ganzen langen Tag konnten die sechs Schwestern im Schloss spielen, wo lebende Blumen aus den

Wänden herauswuchsen und wo die
Fische durch die geöffneten Fenster
hereinschwammen und sich von den
Prinzessinnen füttern und streicheln
ließen. Draußen vor dem Schloss
war ein Garten mit feuerroten und
dunkelblauen Blumen.

Über dem Garten lag ein blauer
Schimmer und bei Windstille konnte
man durch das Wasser die Sonne
sehen. Sie sah aus wie eine Purpur-
blüte, aus deren Kelch alles Licht
ausströmte. Jede von den Prinzessinnen hatte ihren kleinen Platz im

Garten, wo sie graben und pflanzen konnte wie es ihr gefiel. Die Jüngste machte ihren Fleck ganz rund wie die Sonne und hatte nur Blumen, die rot wie diese schienen. Sie war ein wunderliches Kind, still und nach-denklich und außer den rosenroten Blumen hatte sie nur eine weiße Marmorstatue aufgestellt, die bei der Strandung eines Schiffes auf den Meeresgrund geraten war. Die Statue war ein wunderschöner

Knabe und daneben pflanzte sie eine rosenrote Trauerweide, die mit ihren frischen Zweigen bis zu dem blauen Sandboden herunter hing.

Es gab für sie keine größere Freude, als von der Menschenwelt zu hören. Die Großmutter musste alles erzählen, was sie von Schiffen und Städten, Menschen und Tieren wusste.

Es erschien ihr wunderlich schön, dass die Blumen oben auf der Erde dufteten – das taten sie auf dem Meeresgrunde nicht – und dass die Wälder grün waren und dass die Fische, die man dort zwischen den Zweigen sah, laut und schön singen konnten.

„Wenn ihr euer fünfzehntes Jahr vollendet habt", sagte die Großmutter, „dürft ihr aus dem Meer auftauchen, im Mondschein auf den Klippen sitzen und die großen Schiffe sehen, die Wälder und die Städte!"

Im nächsten Jahr sollte die erste der Schwestern fünfzehn Jahre alt werden. Es war aber eine immer ein Jahr jünger als die andere und so hatte die Jüngste noch ganze fünf Jahre zu warten, bis sie aus dem Meeresgrunde emporsteigen durfte.

Und gerade sie sehnte sich so sehr danach, sie, die so still und gedankenvoll war. Manche Nacht stand sie am offenen Fenster und sah

durch das dunkelblaue Wasser hinauf. Mond und Sterne konnte sie sehen und glitt dann eine schwarze Wolke unter ihnen hin, dann wusste sie, dass es entweder ein Walfisch oder ein Schiff mit vielen Menschen war. Jetzt war die älteste Prinzessin fünfzehn Jahre alt und durfte hinauf-steigen. Als sie zurückkam, hatte sie Hunderterlei zu erzählen. Aber das Schönste sei, im Mondschein auf einer Sandbank zu liegen und die Küste mit der großen Stadt, mit ihren Lichtern und ihren Kirch-türmen zu sehen und das Geräusch von Menschen und läutenden

Glocken zu hören. Im Jahr darauf tauchte die zweite Schwester auf, als die Sonne gerade unterging und dieser Augenblick, fand sie, war der allerschönste, denn der ganze Himmel habe wie Gold ausgesehen. Ein Jahr später schwamm die dritte Schwester einen breiten Fluss hinauf. Liebliche, grüne Hügel mit Weinranken sah sie, Schlösser und Herrensitze. In einer kleinen Bucht traf sie eine ganze Schar Menschenkinder, die im Wasser plätscherten und schwammen, obwohl sie keinen Fischschwanz hatten. Die vierte Schwester blieb draußen auf dem wilden Meer, wo

die possierlichen Delfine Purzel-
bäume schlugen und die Walfische
Wasser aus ihren Nasenlöchern
spritzten. Als die fünfte Schwester
an die Reihe kam, war gerade Winter
und die See sah ganz grün aus.
Ringsumher schwammen große Eis-
berge, auf dem einen saß sie und ließ

den Wind mit ihrem langen Haar
spielen.
Alle erzählten von dem Neuen und
Schönen, was sie erblickten, aber weil
sie nun Erlaubnis hatten, hinaufzu-
steigen, wann sie wollten, wurde es
ihnen gleichgültig. Am schönsten sei
es doch unten bei ihnen zu Hause.

Nur die Jüngste sehnte sich noch nach der Menschenwelt und lauschte ihren Erzählungen und wenn die Schwestern am Abend Arm in Arm hinaufstiegen, sah sie ihnen nach und es war ihr, als müsste sie weinen. Aber eine Seejungfrau hat keine Tränen und darum leidet sie weit mehr. Und endlich war sie fünfzehn Jahre alt. „Komm her!", sagte die Großmutter: „Lass mich dich schmücken wie deine Schwestern." Sie setzte ihr einen Kranz von weißen Lilien auf das Haar, darin war jedes Blütenblatt die Hälfte einer Perle. Und die Alte ließ acht große Aus-

tern sich im Schwanz der Prinzessin festklemmen, um ihren hohen Rang zu zeigen.

„Das tut so weh!", sagte die kleine Seejungfrau. – „Ja, Hoffart muss Pein leiden!", sagte die Alte.

Die Sonne war eben untergegangen, als sie den Kopf über das Wasser erhob, die Wolken schimmerten noch wie Rosen und Gold und in der blassroten Luft strahlte der Abendstern. Das Meer war ganz still.

Da lag ein großes Schiff und auf dem Schiff war Musik und Tanz und als der Abend dunkler ward, wurden Hunderte von bunten Laternen angezündet. Die kleine Seejungfrau schwamm dicht an das Kajütenfenster heran und jedes Mal, wenn das Wasser sie in die Höhe hob, konnte sie hineinsehen, wo viele geputzte Menschen standen. Aber der Schönste war doch der junge Prinz mit den großen, schwarzen Augen.

Es wurde spät, aber die kleine Seejungfrau konnte ihre Augen nicht von
dem Schiff abwenden und von dem
schönen Prinzen. Dann wurden die
Laternen ausgelöscht und das Schiff
bekam mehr Fahrt, die Wellen gingen
stärker, große Wolken zogen auf, es
blitzte in weiter Ferne. Wird das ein
böses Wetter werden!

Das große Schiff schaukelte in flie-
gender Fahrt auf der wilden See,
tauchte wie ein Schwan zwischen
den hohen Wogen nieder und ließ
sich wieder auf die hochgetürmten
Wasser heben. Der kleinen Seejungfrau deuchte das eine lustige Fahrt,
aber das fanden die Seeleute gar
nicht. Das Schiff knackte und
krachte, der Mast brach mitten durch
und das Schiff schlingerte auf die Seite,
während das Wasser in den Raum
eindrang. Jetzt sah die kleine Seejungfrau, dass sie in Gefahr waren
und ihre Augen suchten nach dem
jungen Prinzen. Sie sah ihn, als das
Schiff zerbarst, in die tiefe See ver-
sinken.

Im ersten Augenblicke freute sie
sich, denn nun kam er zu ihr herunter, aber dann fiel es ihr ein, dass
die Menschen nicht im Wasser leben
können. Nein, sterben durfte er nicht,
darum schwamm sie zwischen die

Er war sicher nicht viel über sech-
zehn Jahre alt, es war sein Geburts-
tag, darum herrschte all die Pracht.
Als der junge Prinz auf das Deck
hinaustrat, stiegen über hundert
Raketen in die Luft auf und leuchteten
wie der helle Tag. Die kleine Seejungfrau tauchte erschrocken unter, aber
sie streckte bald den Kopf wieder hervor. Wie schön doch der junge Prinz
war, wie er lächelte und den Leuten
die Hand drückte!

Balken und Planken, tauchte tief unter das Wasser, stieg wieder hoch und gelangte so endlich zu dem jungen Prinzen, der fast nicht mehr schwimmen konnte. Seine Arme und Beine fingen an zu ermatten, die schönen Augen schlossen sich; er hätte sterben müssen, wenn die kleine Seejungfrau nicht gekommen wäre. Sie hielt seinen Kopf über dem Wasser und ließ sich dann mit ihm von den Wellen treiben, wohin sie wollten.

Am Morgen war das Unwetter vorüber, die Sonne stieg rot und schimmernd aus dem Wasser empor,

aber die Augen des Prinzen blieben geschlossen. Die Seejungfrau küsste seine hohe, schöne Stirn, er kam ihr vor wie die Marmorstatue in ihrem kleinen Garten. Sie küsste ihn wieder und wünschte, dass er lebe. Jetzt sah sie das feste Land vor sich. Am Ufer waren grüne Wälder, davor lag eine Kirche oder ein Kloster, Zitronen- und Orangenbäume wuchsen im Garten. Die See bildete hier eine kleine Bucht. Dorthin schwamm sie mit dem Prinzen, legte ihn auf den Sand und sorgte dafür, dass der Kopf hoch in der warmen Sonne lag. Dann schwamm sie hinaus, legte

Meerschaum auf ihr Haar und auf ihre Brust, dass niemand ihr kleines Gesicht sehen konnte und gab acht, wer zu dem armen Prinzen käme.

Nicht lange, da kam ein junges Mädchen dorthin. Sie schien sehr zu erschrecken, aber dann holte sie mehrere Menschen und die kleine Seejungfrau sah, dass das Leben in dem Prinzen zurückkehrte.

Er lächelte alle ringsumher an, aber zu ihr hinaus lächelte er nicht, er wusste ja nicht, dass sie ihn gerettet hatte. Als er in das große Haus hineingeführt wurde, tauchte sie betrübt ins Wasser hinab und kehrte heim in das Schloss ihres Vaters.

Die Schwestern fragten, was sie das erste Mal da oben gesehen hätte, aber sie erzählte nichts, wurde nur noch stiller und gedankenvoller. Manch einen Abend und Morgen stieg sie dort empor, wo sie den Prinzen verlassen hatte, aber sie sah ihn nicht und darum kehrte sie jedes Mal noch betrübter heim. Dann war es ihr einziger Trost, in ihrem kleinen Garten zu sitzen und die Arme um die schöne Marmorstatue zu schlingen, die dem Prinzen glich.

Schließlich konnte sie es nicht mehr aushalten, sondern erzählte alles ihren Schwestern und die erzählten es nur ihren allerbesten Freundinnen und eine von diesen wusste, wer der Prinz war und wo sein Königreich lag. „Komm, kleine Schwester", sagten die anderen Prinzessinnen, und sich umschlungen haltend stiegen sie in einer langen Reihe aus dem Meer auf, da, wo sie wussten, dass des Prinzen Schloss lag.

Eine große Marmortreppe führte gerade bis ans Wasser hinunter. Vergoldete Kuppeln ragten über dem Dach auf und durch das klare Glas der Fenster sah man in einen prächtigen Saal hinein, wo ein Springbrunnen plätscherte.

Nun wusste sie, wo er wohnte und kam oft hierher auf das Wasser. Sie schwamm viel näher an das Ufer heran, als die anderen es gewagt hätten, bis unter den prächtigen Marmoraltar, der einen langen Schatten über das Wasser warf.

Hier saß sie und sah den jungen Prinzen an, der sich allein glaubte in dem hellen Mondschein. Sie sah ihn auch wieder in einem prächtigen Boot segeln und hörte, wie die Fischer so viel Gutes von ihm erzählten und es freute sie, dass sie sein Leben gerettet hatte.

Sie dachte daran, wie fest sein Haupt an ihrem Busen geruht und wie herzlich sie ihn da geküsst hatte. Er wusste nur nichts davon und konnte nicht einmal von ihr träumen.

Mehr und mehr fing sie an, die Menschen zu lieben und sie hätte so gern vieles von ihnen gewusst, darum fragte sie die alte Großmutter.

„Wenn die Menschen nicht ertrinken", fragte die kleine Seejungfrau, „können sie dann immer leben, sterben sie nicht, wie wir hier unten?"

„Freilich!", sagte die Alte. „Sie müssen auch sterben und ihre Lebenszeit ist sogar noch kürzer als die unsere. Wir können dreihundert Jahre alt werden, aber wenn wir dann aufhören, hier zu sein, werden wir nur Schaum auf den Wellen. Wir haben keine unsterbliche Seele, wir sind wie das grüne Schilf: Ist es einmal abgeschnitten, so kann es nie wieder grünen. Die Menschen aber haben eine Seele, die ewig lebt, auch wenn der Leib zu Erde geworden ist. Sie steigt durch die klare Luft empor zu den funkelnden Sternen!"

„Warum haben wir keine unsterbliche Seele bekommen?", fragte die kleine Seejungfrau betrübt. „Warum soll ich sterben und als Schaum auf den Wellen treiben? Kann ich denn gar nichts tun, um eine ewige Seele zu gewinnen?"

„Nein!", sagte die Alte. „Nur wenn ein Mensch dich so lieben würde, dass du ihm mehr wärest als Mutter und Vater, wenn er den Priester deine Hand in seine Hand mit dem Versprechen ewiger Treue legen ließe, dann, ja dann würde seine Seele in deine Seele fluten und du würdest auch teilhaben am Glück der Menschen. Aber das kann niemals geschehen. Dein Fischschwanz, der so lieblich ist hier im Meer, den finden sie da oben hässlich. Auf der Erde musst du zwei klotzige Stützen haben, die sie Beine nennen, um schön zu sein."

Betrübt sah die kleine Seejungfrau auf ihren Fischschwanz.

„Lasst uns vergnügt sein, tanzen und springen in den dreihundert Jahren, die wir leben", sagte die Alte. „Heute Abend werden wir Hofball haben."

Das war eine Pracht! Mitten durch den köstlich geschmückten Saal floss ein breiter Strom, auf dem die Meerfrauen und Meermänner zu ihrem eigenen lieblichen Gesang tanzten. So schöne Stimmen haben die Menschen auf der Erde nicht, und die kleine Seejungfrau sang am schönsten, dass alle klatschten ihretwegen. Einen Augenblick empfand sie Freude darüber, aber dann dachte sie wieder an den schönen Prinzen in der Welt oben und daran, dass sie nicht wie er eine unsterbliche Seele besitze. Leise schlich sie fort aus dem Schloss und setzte sich in ihren kleinen Garten. Da hörte sie ein Waldhorn durch das Wasser klingen und dachte: „Jetzt segelt er gewiss da oben, er, den ich lieber habe als Vater und Mutter, in dessen Hand ich meines Lebens Glück legen möchte. Alles will ich wagen, um ihn und eine unsterbliche Seele zu gewinnen. Ich will zur Meerhexe gehen, vor der mir immer so bange war, aber vielleicht kann sie mir helfen."

Heimlich schwamm die kleine Seejungfrau fort und suchte den Weg zu dem brausenden Mahlstrom, hinter dem die Hexe wohnte.

Mitten zwischen den zermalmenden Wirbeln musste sie vorwärts gehen und dann den Weg über heiß kochenden Schlamm und durch einen Wald von hässlichen Polypen suchen, die ihre Arme und Finger hinter ihr herstreckten. Nun kam sie zu

einem schleimüberzogenen Platz im Wald, wo fette Wasserschlangen sich wälzten. Mitten auf dem Platz saß die Meerhexe vor einem Haus, das aus den Gebeinen ertrunkener Menschen errichtet war.

„Ich weiß wohl, was du willst", sagte sie. „Das ist dumm von dir, denn er wird dich ins Unglück bringen. Aber du sollst deinen Willen haben. Du willst gerne deinen Fisch-schwanz los sein und an der Stelle zwei Stützen zum Gehen haben, damit der junge Prinz sich in dich verliebt und du ihn und eine un-sterbliche Seele erhalten kannst!" Sie lachte laut und tückisch.

„Du kommst zur rechten Zeit, morgen, wenn die Sonne aufgeht, könnte ich dir nicht helfen, bis wieder ein Jahr um wäre. Ich werde dir einen Trunk mischen, mit dem sollst du,

ehe die Sonne aufgeht, an Land schwimmen, dich dort ans Ufer setzen und ihn trinken. Dann schrumpft dein Schwanz in das, was die Menschen niedliche Beine nennen, zusammen. Aber das tut weh, das ist, wie wenn ein scharfes Messer durch dich ginge. Du behältst deinen leichten Gang, keine Tänzerin kann schweben wie du, aber jeder Schritt, den du machst, ist, als ob du auf ein scharfes Messer trätest. Willst du all dieses erleiden, so werde ich dir helfen."

„Ja", sagte die kleine Seejungfrau mit bebender Stimme und dachte an den Prinzen und an die Unsterblichkeit.

„Aber wenn du erst menschliche Gestalt hast, kannst du nie mehr eine Seejungfrau werden!", sagte die Hexe.

„Du kannst nicht niedersteigen durch das Wasser zu deines Vaters Schloss. Und gewinnst du nicht des Prinzen Liebe, sodass er um dich Vater und Mutter vergisst und den Priester eure Hände ineinander legen lässt, so bekommst du keine unsterbliche Seele. Am ersten Morgen, nachdem er mit einer anderen vermählt ist, wird dein Herz brechen und du wirst Schaum auf den Wellen."

„Ich will es", sagte die kleine Seejungfrau und war bleich wie eine Tote.

„Aber mich musst du auch bezahlen", sagte die Hexe. „Du hast die schönste Stimme von allen hier unten, damit glaubst du wohl, ihn bezaubern zu können. Diese Stimme musst du mir geben für meinen kostbaren Trank. Mein eigen Blut muss ich darin kochen, damit der Trank so scharf werden kann wie ein zweischneidiges Schwert!"

„Aber wenn du meine Stimme nimmst, was bleibt mir dann übrig?", fragte die kleine Seejungfrau.

„Deine liebliche Gestalt, dein schwebender Gang und deine sprechenden Augen", sagte die Hexe. „Damit kannst du wohl ein Menschenherz betören. Nun, hast du den Mut verloren? Strecke deine kleine Zunge hervor, dann schneide ich sie ab zur Bezahlung und du sollst den Trank erhalten."

„So geschehe es", sagte die kleine Seejungfrau.

Die Hexe setzte ihren Kessel auf, scheuerte ihn mit Schlangen aus, die sie zu einem Knoten gebunden hatte, ritzte sich selbst in die Brust und ließ ihr schwarzes Blut hineintropfen. Immer neue Sachen warf die Hexe in den Kessel und als er kochte, war es, als ob ein Krokodil weinte. Zuletzt war der Trunk fertig und er sah aus wie das klarste Wasser.

„Da hast du ihn!", sagte die Hexe und schnitt der kleinen Seejungfrau die Zunge ab, die nun stumm war und weder sprechen noch singen konnte.

Mit dem Trank in der Hand schwamm sie schnell durch den Wald, das Moor und den Mahlstrom. Sie konnte ihres Vaters Schloss sehen, aber sie wagte sich, nun sie stumm war, nicht mehr hinein.

Die Sonne war noch nicht aufgegangen, als sie des Prinzen Schloss sah und die prächtige Marmortreppe bestieg. Die kleine Seejungfrau trank den brennenden, scharfen Trank und es war, als führe ein zweischneidiges Messer durch ihre feinen Glieder. Sie wurde ohnmächtig und lag wie tot da.

Als die Sonne über die See schien, erwachte sie und fühlte einen schneidenden Schmerz, aber gerade vor ihr stand der schöne, junge Prinz, der sie anschaute. Sie schlug ihre Augen nieder und sah, dass ihr Fischschwanz fort war und sie die niedlichsten weißen Beine hatte, die nur ein Mädchen haben kann. Aber sie war nackt, deshalb hüllte sie sich in ihr langes Haar ein.

Der Prinz fragte, wer sie sei und wo sie hergekommen wäre und sie sah ihn nur mit ihren dunkelblauen Augen an, sprechen konnte sie ja nicht.

Da nahm er sie bei der Hand und führte sie in das Schloss hinein. Jeder Schritt, den sie tat, war, als trete sie auf spitze Nadeln und Messer, aber das ertrug sie gern. An des Prinzen Hand schritt sie so leicht einher wie eine Seifenblase und er, sowie alle, wunderten sich über ihren lieblichen, schwebenden Gang.

Sie bekam herrliche Kleider und war im Schloss die Schönste von allen, aber sie war stumm. Schöne Sklavinnen sangen für den Prinzen und die kleine Seejungfrau wurde traurig, denn sie wusste, dass sie weit schöner gesungen hatte und dachte: „Wenn er nur wüsste, dass ich, um bei ihm zu sein, meine Stimme für alle Ewigkeit hingegeben habe."

Dann tanzten die Sklavinnen niedliche Tänze zur herrlichen Musik. Da erhob die kleine Seejungfrau ihre Arme, richtete sich auf den Fußspitzen auf und schwebte tanzend über den Fußboden hin, wie noch keine getanzt hatte. Bei jeder Bewegung wurde ihre Schönheit noch sichtbarer und ihre Augen sprachen tiefer zu den Herzen als der Gesang der Sklavinnen.

Der Prinz war entzückt von ihr und nannte sie sein Findelkind. Er sagte, sie solle immer bei ihm bleiben und sie erhielt die Erlaubnis, vor seiner Tür auf einem Sammetkissen zu schlafen. Er ließ ihr Männertracht machen, damit sie ihn zu Pferd begleiten könne. Nun ritt sie mit ihm durch die Wälder und stieg mit ihm auf die hohen Berge hinauf, obgleich ihre zarten Füße bluteten, dass selbst die anderen es sehen konnten.

Daheim in des Prinzen Schloss, wenn nachts die anderen schliefen, ging sie die breite Marmortreppe hinab und kühlte ihre brennenden Füße im Seewasser. Einmal kamen ihre Schwestern Arm in Arm und sangen so traurig und erzählten, wie betrübt alle waren.

Jede Nacht besuchten sie sie danach und einmal erblickte sie weit draußen ihre alte Großmutter und ihren Vater, den Meerkönig, die ihre Hände nach ihr ausstreckten.

Tag für Tag wurde sie dem Prinzen lieber. Er hatte sie so lieb, wie man ein gutes Kind lieb hat, aber sie zu seiner Königin zu machen, kam ihm gar nicht in den Sinn. Und seine Frau musste sie doch werden, sonst bekam sie keine unsterbliche Seele, sondern musste an seinem Hoch-

zeitsmorgen zu Schaum auf dem Meere werden.

„Liebst du mich nicht am meisten von allen?", schienen die Augen der kleinen Seejungfrau zu fragen, wenn er sie in seine Arme nahm und ihre schöne Stirn küsste.

„Ja, du bist mir die Liebste", sagte der Prinz. „Du gleichst einem jungen Mädchen, das ich einmal gesehen habe, aber sicher nie wiederfinden werde. Nach einem Schiffbruch warfen die Wellen mich bei einem Tempel ans Land, wo ein Mädchen, das in dem Tempel den Dienst verrichtete, mich fand und mein Leben rettete. Sie wäre die Einzige, die ich in dieser Welt lieben könnte, aber du gleichst ihr. Nie wollen wir uns trennen."

Die kleine Seejungfrau seufzte tief, weinen konnte sie nicht. „Ach, er weiß nicht, dass ich sein Leben rettete", dachte sie.

Aber dann tröstete sie sich: „Das Mädchen aus dem Tempel wird er nie wiedersehen und ich bin jeden Tag bei ihm. Ich will ihn pflegen, ihm mein Leben opfern."

Nun sollte der Prinz sich verheiraten und des Nachbarkönigs schöne Tochter zur Frau bekommen. Ein prächtiges Schiff wurde gerüstet.

„Ich muss die Prinzessin sehen, meine Eltern verlangen es. Aber ich kann sie nicht lieben. Sie gleicht gewiss nicht dem Mädchen aus dem Tempel. Sollte ich eine Braut wählen, so würdest du es eher sein, mein Findelkind mit den sprechenden

Augen!", sprach er zu der kleinen Seejungfrau und küsste ihren roten Mund und legte sein Haupt an ihr Herz, sodass dieses von Menschenglück und einer unsterblichen Seele träumte.

„Du fürchtest doch das Meer nicht, mein stummes Kind?", fragte er, als er mit ihr auf dem Schiff stand. Und er erzählte ihr vom Sturm und von der Meeresstille und sie lächelte nur bei seiner Erzählung, sie wusste ja besser, wie es dort unten aussah.

In der mondhellen Nacht saß sie am Rand des Schiffes und starrte durch das klare Wasser hinunter. Sie glaubte ihres Vaters Schloss zu sehen und die Großmutter und ihre Schwestern.

Am nächsten Morgen erreichten sie den Hafen von des Nachbarkönigs Stadt. Der Prinz wurde mit großem Gepränge empfangen, aber die Prinzessin war noch nicht da, es hieß, sie werde weit von hier entfernt in einem Tempel erzogen. Dort lerne sie alle königlichen Tugenden.

Endlich traf sie ein und die kleine Seejungfrau musste ihre Schönheit anerkennen, eine lieblichere Erscheinung hatte sie nie geschaut. Die Haut war fein und klar und hinter den langen, dunklen Wimpern lächelten ein Paar schwarzblaue, treue Augen.

„Du bist es", sagte der Prinz, „du, die mich vom Meer gerettet hat!"

Und er drückte seine errötende Braut ans Herz. „Ich bin allzu glücklich", sagte er zu der kleinen Seejungfrau. „Was ich nie erhoffen durfte, ist in Erfüllung gegangen und du wirst dich über mein Glück freuen."

Die kleine Seejungfrau küsste seine Hand und es kam ihr vor, als fühle sie schon ihr Herz brechen. Denn sein Hochzeitsmorgen würde ihr den Tod bringen und sie in Schaum auf dem Meere verwandeln.

Dann reichten Braut und Bräutigam einander die Hand und erhielten den Segen des Bischofs.

Die kleine Seejungfrau war in Gold und Seide gekleidet und trug die Schleppe der Braut, aber ihre Ohren hörten die Musik nicht, ihre Augen sahen die heilige Zeremonie nicht, sie gedachte nur ihrer Todesnacht und alles dessen, was sie in dieser Welt verloren hatte.

Noch am selben Abend gingen sie an Bord des Schiffes und mitten darauf war ein königliches Zelt errichtet, da sollte das Brautpaar in der kühlen, stillen Nacht schlafen.

Bunte Lampen wurden angezündet, die Seeleute tanzten auf dem Verdeck und die kleine Seejungfrau wirbelte mit im Tanze, schwebte wie die Schwalbe schwebt und alle jubelten ihr Bewunderung zu.

Es schnitt ihr wie scharfe Messer in die zarten Füße, aber sie fühlte es nicht. Es schnitt ihr schmerzlicher ins Herz. Sie wusste, dass es ihr letzter Abend war, eine unendliche Nacht ohne Gedanken und Traum harrte ihrer, die keine Seele hatte und sie nicht gewinnen konnte. Der Prinz küßte seine schöne Braut, und Arm in Arm gingen sie zur Ruhe in das prächtige Zelt.

Es wurde still auf dem Schiff, die kleine Seejungfrau legte ihre weißen Arme auf den Schiffsrand und blickte gegen Osten nach der Morgenröte.

Der erste Sonnenstrahl würde sie töten. Da sah sie ihre Schwestern aus dem Meere aufsteigen, die waren bleich wie sie und ihr langes, schönes Haar wehte nicht mehr im Winde, es war abgeschnitten.

„Wir haben es der Hexe gegeben, dass sie dir hilft, damit du diese Nacht nicht stirbst. Sie hat uns ein scharfes Messer gegeben, hier ist es! Bevor die Sonne aufgeht, musst du es dem Prinzen ins Herz stoßen und wenn dann warmes Blut auf deine Füße spritzt, so wachsen diese in einen Fischschwanz zusammen und du wirst wieder eine Seejungfrau. Beeile dich, töte den Prinzen und komme zurück zu uns. Lebe deine dreihundert Jahre, bevor du zu totem Seeschaum wirst!" Dann stießen sie einen Seufzer aus und versanken in den Wogen.

Die kleine Seejungfrau zog den Tep-
pich vom Eingang des Zeltes und sah
die schöne Braut und den Prinzen
schlafen. Sie beugte sich nieder und
küsste ihn auf die Stirn, der im Traum
seine Braut beim Namen nannte.

Nur sie war in seinen Gedanken und
das Messer zitterte in der Hand der
Seejungfrau – aber dann warf sie es
weit hinaus in die See. Wo es hinfiel,
sah es aus, als sickerten Blutstropfen
aus dem Wasser.

Noch einmal sah sie mit halbge-
brochenen Blicken auf den Prinzen,
stürzte sich vom Schiff ins Meer
hinab und fühlte, wie ihr Körper sich
in Schaum auflöste.

Nun stieg die Sonne aus dem Meer
auf, die Strahlen fielen so mild und
warm auf den kalten Meerschaum
und die kleine Seejungfrau fühlte
nichts vom Tode.

Sie sah die helle Sonne und über
ihr schwebten Hunderte von durchsichtigen, herrlichen Geschöpfen.

Sie konnte durch sie hindurch-
sehen und ihre Stimmen waren eine
Melodie, aber so geisterhaft, dass
kein menschliches Ohr sie hören,
ebenso wie kein irdisches Auge sie
sehen konnte. Ohne Schwingen
schwebten sie mit ihrer eigenen
Leichtigkeit durch die Luft.

Die kleine Seejungfrau spürte, dass sie
nun einen Körper hatte wie diese, der
sich mehr und mehr aus dem Schaum
erhob.

„Wohin komme ich?", fragte sie,
und ihre Stimme klang so geisterhaft
wie die der anderen Wesen.

„Zu den Töchtern der Luft", er-
widerten die andern. „Die Seejungfrau hat keine unsterbliche Seele und
kann sie nur erhalten, wenn sie eines
Menschen Liebe gewinnt.

Die Töchter der Luft haben auch
keine ewige Seele, aber sie können
durch gute Taten sich selbst eine
schaffen. Wir fliegen nach den
warmen Ländern und kühlen die
Pestluft, die die Menschen tötet.
Wir verbreiten den Duft der Blumen
und senden Erquickung und
Heilung.

Wenn wir dreihundert Jahre gestrebt haben, alles Gute zu voll-
bringen, was wir können, so
erhalten wir eine unsterbliche Seele
und nehmen teil am ewigen Glück
der Menschen.

Du hast mit ganzem Herzen danach
gestrebt, hast gelitten und geduldet,
hast dich zur Luftgeisterwelt er-
hoben. Nun kannst du dir durch gute
Werke nach dreihundert Jahren eine
unsterbliche Seele erschaffen."

Die kleine Seejungfrau erhob ihre Arme zur Sonne und zum ersten Mal fühlte sie Tränen in den Augen.

Auf dem Schiff sah sie den Prinzen nach ihr suchen. Er starrte wehmütig in den Schaum, als wüsste er, dass sie sich ins Meer gestürzt hatte. Unsichtbar küsste sie die Stirn der Braut, lächelte dem Prinzen zu und stieg mit den anderen Kindern der Luft hinauf.

„Nach dreihundert Jahren schweben wir so in das Reich Gottes hinein, aber wir können noch früher dahin gelangen.

Wir besuchen unsichtbar die Häuser der Menschen und für jedes gute Kind, das wir finden, verkürzt Gott unsere Prüfungszeit.

Wenn wir über ein braves Kind lächeln, wird ein Jahr von den dreihundert Jahren weggenommen. Sehen wir aber ein garstiges Kind, so müssen wir Tränen vergießen und jede Träne legt unserer Prüfungszeit einen Tag zu."

Die Gänsemagd

Es lebte einmal eine alte Königin, der war ihr Gemahl schon lange Jahre gestorben und sie hatte eine schöne Tochter. Wie die erwuchs, wurde sie weit über Feld an einen Königssohn versprochen. Als nun die Zeit kam, wo sie vermählt werden sollten und das Kind in das fremde Reich abreisen musste, packte ihr die Alte gar viel köstliches Gerät und Geschmeide ein: Gold und Silber, Becher und Kleinode, kurz alles, was zu einem königlichen Brautschatz gehörte, denn sie hatte ihr Kind von Herzen lieb. Auch gab sie ihr eine Kammerjungfer bei, welche mitreiten und die Braut in die Hände des Bräutigams überliefern sollte und jede bekam ein Pferd zur Reise, aber das Pferd der Königstochter hieß Falada und konnte sprechen.

Wie nun die Abschiedsstunde da war, begab sich die alte Mutter in ihre Schlafkammer, nahm ein Messerlein und schnitt damit in ihre Finger, dass sie bluteten. Darauf hielt sie ein weißes Läppchen unter, ließ drei Tropfen Blut hineinfallen, gab sie der Tochter und sprach: „Liebes Kind, verwahre sie wohl, sie werden dir unterwegs nottun."

Also nahmen sie beide voneinander betrübten Abschied. Das Läppchen steckte die Königstochter in ihren Busen vor sich, setzte sich aufs Pferd und zog nun fort zu ihrem Bräutigam. Da sie eine Stunde geritten waren, empfand sie heißen Durst und sprach zu ihrer Kammerjungfer:

„Steig ab und schöpfe mir mit meinem Becher, den du für mich mitgenommen hast, Wasser aus dem Bache, ich möchte gern einmal trinken." – „Wenn Ihr Durst habt", sprach die Kammerjungfer, „so steigt selber ab, legt Euch ans Wasser und trinkt, ich mag Eure Magd nicht sein."

Da stieg die Königstochter vor großem Durst herunter, neigte sich über das Wasser im Bach und trank und durfte nicht aus dem goldenen Becher trinken. Da sprach sie: „Ach Gott!", da antworteten die drei Blutstropfen: „Wenn das deine Mutter wüsste, das Herz im Leibe tät ihr zerspringen." Aber die Königsbraut war demütig, sagte nichts und stieg wieder zu Pferd.

So ritten sie etliche Meilen weiter fort, aber der Tag war warm, die Sonne stach und sie durstete bald von Neuem. Da sie nun an einen Wasserfluss kamen, rief sie noch einmal ihrer Kammerjungfer: „Steig ab und gib mir aus meinem Goldbecher zu trinken", denn sie hatte alle bösen Worte längst vergessen.

Die Kammerjungfer sprach aber noch hochmütiger: „Wollt Ihr trinken, so trinkt allein, ich mag nicht Eure Magd sein."

Da stieg die Königstochter hernieder vor großem Durst, legte sich über das fließende Wasser, weinte und sprach: „Ach Gott!", und die Blutstropfen antworteten wiederum: „Wenn das deine Mutter wüsste, das Herz im Leibe tät ihr zerspringen." Und wie sie so trank und sich recht überlehnte, fiel ihr das Läppchen, worin die drei Tropfen waren, aus dem Busen und floss mit dem Wasser fort, ohne dass sie es in ihrer großen Angst merkte. Die Kammerjungfer hatte aber zugesehen und freute sich, dass sie Gewalt über die Braut bekäme.

Denn damit, dass diese die Blutstropfen verloren hatte, war sie
schwach und machtlos geworden.
Als sie nun wieder auf ihr Pferd
steigen wollte, das da hieß Falada,
sagte die Kammerfrau: „Auf Falada
gehör ich und auf meinen Gaul ge-
hörst du", und das musste sie sich
gefallen lassen.
Dann befahl ihr die Kammerfrau mit
harten Worten, die königlichen Kleider auszuziehen und ihre schlechten
anzulegen und endlich musste sie
sich unter freiem Himmel verschwö-
ren, dass sie am königlichen Hof
keinem Menschen etwas davon sprechen wollte und wenn sie diesen

Eid nicht abgelegt hätte, wäre sie auf der Stelle umgebracht worden. Aber Falada sah das alles an und nahm's wohl in acht.

Die Kammerfrau stieg nun auf Falada und die wahre Braut auf das schlechte Ross und so zogen sie weiter, bis sie endlich in dem königlichen Schloss eintrafen.

Da war große Freude über ihre Ankunft und der Königssohn sprang ihnen entgegen, hob die Kammerfrau vom Pferde und meinte, sie wäre seine Gemahlin. Sie ward die Treppe hinaufgeführt, die wahre Königstochter aber musste unten stehenbleiben. Da schaute der alte König am Fenster und sah sie im Hof halten und sah, wie sie fein war, zart und gar schön. Er ging alsbald hin ins königliche Gemach und fragte die Braut nach der, die sie bei sich hätte und da unten im Hofe stände und wer sie wäre. „Die hab ich mir unterwegs mitgenommen zur Gesellschaft. Gebt der Magd was zu arbeiten, dass sie nicht müßig steht." Aber der alte König hatte keine Arbeit für sie und wusste nichts, als dass er sagte: „Da hab ich

Gemahl, ich bitte Euch, tut mir einen Gefallen." Er antwortete: „Das will ich gerne tun." – „Nun, so lasst den Schinder rufen und da dem Pferde, worauf ich hergeritten bin, den Hals abhauen, weil es mich unterwegs geärgert hat."

Eigentlich aber fürchtete sie, dass das Pferd sprechen möchte, wie sie mit der Königstochter umgegangen war. Nun war das so weit geraten, dass es geschehen und der treue Falada sterben sollte. Da kam es auch der rechten Königstochter zu Ohr und sie versprach dem Schinder heimlich ein Stück Geld, das sie ihm bezahlen

so einen kleinen Jungen, der hütet die Gänse, dem mag sie helfen."

Der Junge hieß Kürdchen, dem musste die wahre Braut helfen, Gänse zu hüten. Bald aber sprach die falsche Braut zu dem jungen König: „Liebster

wollte, wenn er ihr einen kleinen
Dienst erwiese. In der Stadt war ein
großes, finsteres Tor, wo sie abends
und morgens mit den Gänsen durch
musste. Unter das finstere Tor möchte er dem Falada seinen Kopf hin-
nageln, dass sie ihn doch noch mehr
als einmal sehen könnte.

Also versprach das der Schinders-
knecht zu tun, hieb den Kopf ab und
nagelte ihn unter dem finsteren Tor
fest. Des Morgens früh, da sie und
Kürdchen unterm Tor hinaustrieben,
sprach sie im Vorbeigehen: „O du
Falada, da du hangest."

Da antwortete der Kopf: „O du Jungfer Königin, da du gangest, wenn das
deine Mutter wüsste, ihr Herz tät
zerspringen."

Da zogen sie still weiter zur Stadt
hinaus und sie trieben die Gänse aufs

Feld. Und wenn sie auf der Wiese angekommen war, saß sie nieder und machte ihre Haare auf, die waren eitel Gold und Kürdchen sah sie und freute sich, wie sie glänzten und wollte ihr ein paar ausraufen. Da sprach sie:

„Weh, weh, Windchen,
nimm Kürdchen sein Hütchen,
und lass'n sich mit jagen, bis ich
mich geflochten und geschnatzt
und wieder aufgesatzt."

Und da kam ein so starker Wind, dass er dem Kürdchen sein Hütchen wegwehte über alle Land und es musste ihm nachlaufen. Bis es wieder kam, war sie mit dem Kämmen und Aufsetzen fertig und er konnte keine Haare kriegen.

Da war Kürdchen bös und sprach nicht mit ihr und so hüteten sie die Gänse, bis dass es Abend ward, dann gingen sie nach Haus.

Den andern Morgen, wie sie unter dem finsteren Tor hinaustrieben, sprach die Jungfrau: „O du Falada, da du hangest."

Da antwortete der Kopf: „O du Jungfer Königin, da du gangest, wenn das deine Mutter wüsste, das Herz tät ihr zerspringen."

Und in dem Feld setzte sie sich wieder auf die Wiese und fing an, ihr Haar auszukämmen und Kürdchen lief und wollte danach greifen, da sprach sie schnell:

„Weh, weh, Windchen,
nimm Kürdchen sein Hütchen,
und lass'n sich mit jagen, bis ich
mich geflochten und geschnatzt
und wieder aufgesatzt."

Da wehte der Wind und wehte ihm das Hütchen vom Kopf weit weg, dass Kürdchen nachlaufen musste und als es wieder kam, hatte sie längst ihr Haar zurecht und es konnte keins davon erwischen. Und so hüteten sie die Gänse, bis es Abend ward.

Abends aber, nachdem sie heimgekommen waren, ging Kürdchen vor den alten König und sagte: „Mit dem Mädchen will ich nicht länger Gänse hüten." – „Warum denn?", fragte der alte König. „Ei, das ärgert mich den ganzen Tag." Da befahl ihm der alte König zu erzählen, wie's ihm denn mit ihr ginge.

Da sagte Kürdchen: „Morgens, wenn wir unter dem finstern Tor mit der Herde durchkommen, so ist da ein Gaulskopf an der Wand, zu dem redet sie: Falada, da du hangest, da antwortet der Kopf: O du Königsjungfer, da du gangest, wenn das deine Mutter wüsste, das Herz tät ihr

zerspringen." Und so erzählte Kürdchen weiter, was auf der Gänsewiese
geschähe und wie es da dem Hute im
Winde nachlaufen müsste.

Der alte König befahl ihm, den nächsten Tag wieder hinauszutreiben und
er selbst, wie es Morgen war, setzte sich hinter das finstere Tor und
hörte da, wie sie mit dem Haupt des
Falada sprach und dann ging er ihr
auch nach in das Feld und barg sich
in einem Busch auf der Wiese. Da
sah er nun bald mit seinen eigenen
Augen, wie die Gänsemagd und der
Gänsejunge die Herde getrieben

brachten und wie nach einer Weile sie
sich setzte und ihre Haare losflocht,
die strahlten von Glanz. Gleich
sprach sie wieder:

> „Weh, weh, Windchen,
> nimm Kürdchen sein Hütchen,
> und lass'n sich mit jagen, bis ich
> mich geflochten und geschnatzt
> und wieder aufgesatzt."

Da kam ein Windstoß und fuhr mit
Kürdchens Hut weg, dass es weit zu
laufen hatte und die Magd kämm-
te und flocht ihre Locken still fort,
welches der alte König alles be-
obachtete.

Darauf ging er unbemerkt zurück und als abends die Gänsemagd heimkam, rief er sie beiseite und fragte, warum sie dem allem so täte?

„Das darf ich Euch nicht sagen und darf auch keinem Menschen mein Leid klagen, denn so hab ich mich unter freiem Himmel verschworen, weil ich sonst um mein Leben gekommen wäre."

Er drang in sie und ließ ihr keinen Frieden, aber er konnte nichts aus ihr herausbringen.

Da sprach er: „Wenn du mir nichts sagen willst, so klag' dem Eisenofen da dein Leid", und ging fort.

Da kroch sie in den Eisenofen, fing an zu jammern und zu weinen, schüttete ihr Herz aus und sprach: „Da sitze ich nun von aller Welt verlassen und bin doch eine Königstochter und eine falsche Kammerjungfer hat mich mit Gewalt dahin gebracht, dass ich meine königlichen Kleider habe ablegen müssen und hat meinen Platz bei meinem Bräutigam eingenommen und ich muss als Gänsemagd gemeine Dienste tun. Wenn das meine Mutter wüsste, das Herz im Leibe tät ihr zerspringen."

Der alte König stand aber außen an der Ofenröhre, lauerte ihr zu und hörte, was sie sprach.

Da kam er wieder herein und hieß sie
aus dem Ofen gehen.

Da wurden ihr königliche Kleider
angetan und es schien ein Wunder,
wie sie so schön war.

Der alte König rief seinen Sohn
und offenbarte ihm, dass er die
falsche Braut hätte. Die wäre bloß
ein Kammermädchen, die wahre

aber stände hier als die gewesene Gänsemagd.

Der junge König war herzensfroh, als er ihre Schöheit und Tugend erblickte und ein großes Mahl wurde angestellt, zu dem alle Leute und guten Freunde gebeten wurden. Obenan saß der Bräutigam, die Königstochter zur einen Seite und die Kammerjungfer zur anderen, aber die Kammerjungfer war verblendet und erkannte jene nicht mehr in dem glänzenden Schmuck. Als sie nun gegessen und getrunken hatten und guten Muts waren, gab der alte König der Kammerfrau ein Rätsel auf, was eine solche wert wäre, die den Herrn so und so betrogen hätte, erzählte damit den ganzen Verlauf und fragte: „Welches Urteils ist diese würdig?"

Da sprach die falsche Braut: „Die ist nichts Besseres wert, als dass sie splitternackt ausgezogen und in ein Fass gesteckt wird, das inwendig mit spitzen Nägeln beschlagen ist und zwei weiße Pferde müssen vorgespannt werden, die sie Gasse auf Gasse ab zu Tode schleifen."

„Das bist du", sprach der alte König, „und hast dein eigen Urteil gefunden und danach soll dir widerfahren."

Und als das Urteil vollzogen war, vermählte sich der junge König mit seiner rechten Gemahlin und beide beherrschten ihr Reich in Frieden und Seligkeit.

Schneewittchen

Es war einmal mitten im Winter und die Schneeflocken fielen wie Federn vom Himmel herab, da saß eine Königin an einem Fenster, das einen Rahmen von schwarzem Ebenholz hatte und nähte. Und wie sie so nähte und nach dem Schnee aufblickte, stach sie sich mit der Nadel in den Finger und es fielen drei Tropfen Blut in den Schnee. Und weil das Rote im weißen Schnee so schön aussah, dachte sie bei sich: „Hätt' ich ein Kind, so weiß wie Schnee, so rot wie Blut und so schwarz wie das Holz an dem Rahmen."

Bald darauf bekam sie ein Töchterlein, das war so weiß wie Schnee, so

einen wunderbaren Spiegel, wenn sie vor den trat und sich darin beschaute, sprach sie: „Spieglein, Spieglein an der Wand, wer ist die Schönste im ganzen Land?", so antwortete der Spiegel: „Frau Königin, Ihr seid die Schönste im Land."

Da war sie zufrieden, denn sie wusste, dass der Spiegel die Wahrheit sagte. Schneewittchen aber wuchs heran und wurde immer schöner und als es sieben Jahre alt war, war es so schön wie der klare Tag und schöner als die Königin selbst.

Als diese einmal ihren Spiegel fragte: „Spieglein, Spieglein an der Wand, wer ist die Schönste im ganzen Land?", so antwortete er: „Frau Königin, Ihr seid die Schönste hier, aber Schneewittchen ist tausendmal schöner als Ihr."

Da erschrak die Königin und ward gelb und grün vor Neid. Von Stund an, wenn sie Schneewittchen erblickte, kehrte sich ihr das Herz im Leibe herum, so hasste sie das Mädchen. Und der Neid und Hochmut wuchsen wie ein Unkraut in ihrem Herzen immer höher, dass sie Tag und Nacht keine Ruhe mehr hatte. Da rief sie einen Jäger und sprach: „Bring' das Kind hinaus in den Wald, ich will's nicht mehr vor meinen Augen sehen.

rot wie Blut und so schwarzhaarig wie Ebenholz und ward darum Schneewittchen genannt. Und wie das Kind geboren war, starb die Königin.

Über ein Jahr nahm sich der König eine andere Gemahlin. Es war eine schöne Frau, aber sie war stolz und übermütig und konnte nicht leiden, dass sie an Schönheit von jemand sollte übertroffen werden. Sie hatte

Du sollst es töten und mir Lunge und Leber zum Wahrzeichen mitbringen." Der Jäger gehorchte und führte es hinaus und als er den Hirschfänger gezogen hatte und Schneewittchens unschuldiges Herz durchbohren wollte, fing es an zu weinen und sprach: „Ach, lieber Jäger, lass mir mein Leben. Ich will in den wilden Wald laufen und nimmermehr wieder heimkommen." Und weil es so schön war, hatte der Jäger Mitleiden und sprach: „So lauf hin, du armes Kind." – „Die wilden Tiere werden dich bald gefressen haben", dachte er und doch war's ihm, als wär' ein Stein

von seinem Herzen gewälzt, weil er es nicht zu töten brauchte. Und als gerade ein junger Frischling dahergesprungen kam, stach er ihn ab, nahm Lunge und Leber heraus und brachte sie als Wahrzeichen der Königin mit. Der Koch musste sie in Salz kochen und das boshafte Weib aß sie auf und meinte, sie hätte Schneewittchens Lunge und Leber gegessen.

Nun war das arme Kind in dem großen Wald mutterseelig allein und es ward ihm so angst, dass es alle Blätter an den Bäumen ansah und nicht wusste, wie es sich helfen sollte.

Da fing es an zu laufen und lief über die spitzen Steine und durch die Dornen und die wilden Tiere sprangen an ihm vorbei, aber sie taten ihm nichts. Es lief, solange nur die Füße noch fort konnten, bis es bald Abend werden wollte. Da sah es ein kleines Häuschen und ging hinein, sich zu ruhen. In dem Häuschen war alles klein, aber so zierlich und reinlich, dass es nicht zu sagen ist. Da stand ein weiß gedecktes Tischlein mit sieben kleinen Tellern, jedes Tellerlein mit seinem Löffelein, ferner sieben Messerlein und Gäbelein und sieben Becherlein. An der Wand waren sieben Bettlein nebeneinander aufgestellt und schneeweiße Laken darüber gedeckt.

Schneewittchen, weil es so hungrig und durstig war, aß von jedem Tellerlein ein wenig Gemüse und Brot und trank aus jedem Becherlein einen Tropfen Wein. Hernach, weil es so müde war, legte es sich in ein Bettchen, aber keins passte: Das eine war zu lang, das andere zu kurz, bis endlich das siebente recht war und darin blieb es liegen, befahl sich Gott und schlief ein.

Als es ganz dunkel geworden war, kamen die Herren von dem Häuslein, das waren die sieben Zwerge, die in den Bergen nach Erz hackten und gruben. Sie zündeten ihre sieben Lichtlein an und wie es nun hell im Häuslein ward, sahen sie, dass jemand darin gewesen war, denn es stand nicht alles so in der Ordnung, wie sie es verlassen hatten. Der erste sprach: „Wer hat auf meinem Stühlchen gesessen?" – Der zweite: „Wer hat von meinem Tellerchen gegessen?" – Der dritte: „Wer hat von meinem Brötchen genommen?" – Der vierte: „Wer hat von meinem Gemüschen gegessen?" – Der fünfte: „Wer hat mit meinem Gäbelchen gestochen?" – Der sechste: „Wer hat mit meinem Messerchen geschnitten?" – Der siebte: „Wer hat aus meinem Becherlein getrunken?"

Dann sah sich der erste um und sah, dass auf seinem Bett eine kleine Delle war, da sprach er: „Wer hat in mein Bettchen getreten?" – Die andern kamen gelaufen und riefen: „In meinem hat auch jemand gelegen." – Der siebente aber, als er in sein Bett sah, erblickte Schneewittchen, das lag darin und schlief. Nun rief er die andern, die kamen herbeigelaufen und schrieen vor Verwunderung, holten ihre sieben Lichtlein und beleuchteten Schneewittchen. „Ei, du mein Gott! Ei, du mein Gott!", riefen sie. „Was ist das Kind so schön!",

und hatten so große Freude, dass sie es nicht aufweckten, sondern im Bettlein fortschlafen ließen. Der siebente Zwerg aber schlief bei seinen Gesellen, bei jedem eine Stunde, da war die Nacht herum.

Als es Morgen war, erwachte Schneewittchen und wie es die sieben Zwerge sah, erschrak es. Sie waren aber freundlich und fragten: „Wie heißt du?" –„Ich heiße Schneewittchen", antwortete es. „Wie bist du in unser Haus gekommen?", sprachen weiter die Zwerge. Da erzählte es ihnen, dass seine Stiefmutter es hätte wollen

umbring lassen, der Jäger hätte ihm aber das Leben geschenkt und da wär' es gelaufen den ganzen Tag, bis es endlich ihr Häuslein gefunden hätte. Die Zwerge sprachen: „Willst du unsern Haushalt versehen, kochen, betten, waschen, nähen und stricken und willst du alles ordentlich und reinlich halten, so kannst du bei uns bleiben und es soll dir an nichts fehlen." – „Ja", sagte Schneewittchen, „von Herzen gern", und blieb bei ihnen. Es hielt ihnen das Haus in Ordnung: Morgens gingen

sie in die Berge und suchten Erz und Gold, abends kamen sie wieder und da musste ihr Essen bereit sein. Den Tag über war das Mädchen allein, da warnten es die guten Zwerglein und sprachen: „Hüte dich vor deiner Stiefmutter, die wird bald wissen, dass du hier bist. Lass ja niemand herein."

Die Königin aber, nachdem sie Schneewittchens Lunge und Leber glaubte gegessen zu haben, dachte nicht anders, als sie wäre wieder die Erste und Allerschönste, trat vor

den Spiegel und sprach: „Spieglein, Spieglein an der Wand, wer ist die Schönste im ganzen Land?"

Da antwortete der Spiegel: „Frau Königin, Ihr seid die Schönste hier, aber Schneewittchen über den Bergen bei den sieben Zwergen ist noch tausendmal schöner als Ihr."

Da erschrak sie, denn sie wusste, dass der Spiegel keine Unwahrheit sprach und merkte, dass der Jäger sie betrogen hatte und Schneewittchen noch am Leben war.

Und da sann und sann sie aufs Neue, wie sie es umbringen wollte, denn solange sie nicht die Schönste war im ganzen Land, ließ ihr der Neid keine Ruhe. Und als sie sich endlich etwas ausgedacht hatte, färbte sie sich das Gesicht und kleidete sich wie eine alte Krämerin und war ganz unkenntlich. In dieser Gestalt ging sie über die sieben Berge zu den sieben Zwergen, klopfte an die Türe und rief: „Schöne Ware, feil, feil!" Schneewittchen guckte zum Fenster heraus und rief: „Guten Tag, liebe Frau, was habt ihr zu verkaufen?"

„Gute Ware, schöne Ware", antwortete sie, „Schnürriemen von allen Farben", und holte einen hervor, der aus bunter Seide geflochten war. „Die ehrliche Frau kann ich hereinlassen", dachte Schneewittchen, riegelte die Türe auf und kaufte sich den hübschen Schnürriemen.

„Kind", sprach die Alte, „wie du aussiehst, komm, ich will dich einmal ordentlich schnüren."

Schneewittchen hatte kein Arg, stellte sich vor sie und ließ sich mit dem neuen Schnürriemen schnüren: Aber die Alte schnürte geschwind und schnürte so fest, dass dem Schnee- wittchen der Atem verging und es für tot hinfiel.

„Nun bist du die Schönste gewesen", sprach sie und eilte hinaus.

Nicht lange darauf, zur Abendzeit, kamen die sieben Zwerge nach Haus, aber wie erschraken sie, als sie ihr liebes Schneewittchen auf der Erde liegen sahen und es regte und be- wegte sich nicht, als wäre es tot. Sie hoben es in die Höhe und weil sie sahen, dass es zu fest geschnürt war, schnitten sie den Schnürriemen entzwei: Da fing es an, ein wenig zu atmen und ward nach und nach wie- der lebendig.

Als die Zwerge hörten, was gesche- hen war, sprachen sie: „Die alte Krämerfrau war niemand als die gottlose Königin. Hüte dich und lass keinen Menschen herein, wenn wir nicht bei dir sind."

Das böse Weib aber, als es nach Hause gekommen war, ging vor den Spiegel und fragte:

„Spieglein, Spieglein an der Wand, wer ist die Schönste im ganzen Land?" Da antwortete er wie sonst: „Frau Königin, Ihr seid die Schönste hier, aber Schneewittchen über den Bergen bei den sieben Zwergen ist noch tausendmal schöner als Ihr."

Als sie das hörte, lief ihr alles Blut zum Herzen, so erschrak sie, denn sie sah wohl, dass Schneewittchen wieder lebendig geworden war.

„Nun aber," sprach sie, „will ich etwas aussinnen, das dich zugrunde richten soll", und mit Hexenkünsten, die sie verstand, machte sie einen giftigen Kamm. Dann verkleidete sie sich und nahm die Gestalt eines andern alten Weibes an.

So ging sie hin und über die sieben Berge zu den sieben Zwergen, klopfte an die Türe und rief: „Gute Ware, feil, feil!"

Schneewittchen schaute heraus und sprach: „Geht nur weiter, ich darf niemand hereinlassen."

„Das Ansehen wird dir doch erlaubt sein", sprach die Alte, zog den giftigen Kamm heraus und hielt ihn in die Höhe. Da gefiel er dem Kinde so gut, dass es sich betören ließ und

die Türe öffnete. Als sie des Kaufs einig waren, sprach die Alte: „Nun will ich dich einmal ordentlich kämmen."

Das arme Schneewittchen dachte an nichts und ließ die Alte gewähren, aber kaum hatte sie den Kamm in die Haare gesteckt, als das Gift darin wirkte und das Mädchen ohne Besinnung niederfiel.

„Du Ausbund von Schönheit," sprach das boshafte Weib, „jetzt ist's um dich geschehen", und ging fort.

Zum Glück aber war es bald Abend, wo die sieben Zwerglein nach Haus kamen. Als sie Schneewittchen wie tot auf der Erde liegen sahen, hatten sie gleich die Stiefmutter in Verdacht, suchten nach und fanden den giftigen Kamm und kaum hatten sie ihn herausgezogen, so kam Schneewittchen wieder zu sich und erzählte, was vorgegangen war. Da warnten sie es noch einmal, auf seiner Hut zu sein und niemand die Türe zu öffnen.

Die Königin stellte sich daheim vor den Spiegel und sprach:

„Spieglein, Spieglein an der Wand, wer ist die Schönste im ganzen Land?" Da antwortete er wie vorher: „Frau Königin, Ihr seid die Schönste hier, aber Schneewittchen über den Bergen bei den sieben Zwergen ist noch tausendmal schöner als Ihr."

Als sie den Spiegel so reden hörte, zitterte und bebte sie vor Zorn. „Schneewittchen soll sterben", rief sie, „und wenn es mein eignes Leben kostet." Darauf ging sie in eine ganz verborgene einsame Kammer, wo niemand hinkam und machte da einen giftigen, giftigen Apfel. Äußerlich sah er schön aus, weiß mit roten Backen,

dass jeder, der ihn erblickte, Lust danach bekam, aber wer ein Stückchen davon aß, der musste sterben. Als der Apfel fertig war, färbte sie sich das Gesicht und verkleidete sich in eine Bauersfrau und so ging sie über die sieben Berge zu den sieben Zwergen. Sie klopfte an, Schneewittchen streckte den Kopf zum Fenster heraus und sprach: „Ich darf keinen Menschen einlassen, die sieben Zwerge haben mir's verboten."

„Mir auch recht", antwortete die Bäuerin, „meine Äpfel will ich schon loswerden. Da, einen will ich dir schenken."

„Nein", sprach Schneewittchen, „ich darf nichts annehmen."

„Fürchtest du dich vor Gift?", sprach die Alte, „siehst du, da schneide ich den Apfel in zwei Teile: Den roten Backen iß du, den weißen will ich essen."

Der Apfel war aber so künstlich gemacht, dass der rote Backen allein vergiftet war. Schneewittchen lusterte den schönen Apfel an und als es sah, dass die Bäuerin davon aß, so konnte es nicht länger widerstehen, streckte die Hand hinaus und nahm die giftige Hälfte. Kaum aber hatte es einen Bissen davon im Mund, so fiel es tot zur Erde nieder.

Da betrachtete es die Königin mit grausigen Blicken und lachte überlaut und sprach: „Weiß wie Schnee, rot wie Blut, schwarz wie Ebenholz –

diesmal können dich die Zwerge nicht wieder erwecken." Und als sie daheim den Spiegel befragte:
„Spieglein, Spieglein an der Wand, wer ist die Schönste im ganzen Land?", so antwortete er endlich:
„Frau Königin, Ihr seid die Schönste im Land." Da hatte ihr neidisches Herz Ruhe, so gut ein neidisches Herz Ruhe haben kann.

Die Zwerglein, wie sie abends nach Haus kamen, fanden Schneewittchen auf der Erde liegen und es ging kein Atem mehr aus seinem Mund und es war tot. Sie hoben es auf, suchten, ob sie was Giftiges fänden, schnürten es auf, kämmten ihm die Haare, wuschen es mit Wasser und Wein, aber es half alles nichts: Das liebe Kind war tot und blieb tot.

Sie legten es auf eine Bahre und setzten sich alle siebene daran und beweinten es und weinten drei Tage lang. Da wollten sie es begraben, aber es sah noch so frisch aus wie ein lebender Mensch und hatte noch seine schönen roten Backen. Sie sprachen: „Das können wir nicht in die schwarze Erde versenken", und ließen einen durchsichtigen Sarg von Glas machen, dass man es von allen Seiten sehen konnte, legten es hinein und schrieben seinen Namen darauf und dass es eine Königstochter wäre. Dann setzten sie den Sarg hinaus auf den Berg und einer von ihnen blieb immer dabei und bewachte ihn.

Und die Tiere kamen auch und beweinten Schneewittchen, erst eine Eule, dann ein Rabe, zuletzt ein Täubchen.

Nun lag Schneewittchen lange, lange Zeit in dem Sarg und verweste nicht, sondern sah aus, als wenn es schliefe, denn es war noch so weiß wie Schnee, so rot wie Blut und so schwarzhaarig wie Ebenholz. Es geschah aber, dass ein Königssohn in den Wald geriet und zu dem Zwergen-

haus kam, da zu übernachten. Er sah auf dem Berg den Sarg und das schöne Schneewittchen darin und las, was darauf geschrieben war. Da sprach er zu den Zwergen: „Lasst mir den Sarg, ich will euch geben, was ihr dafür haben wollt." Aber die Zwerge antworteten: „Wir geben ihn nicht um alles Gold in der Welt." Da sprach er: „So schenkt mir ihn, denn ich kann nicht leben, ohne Schneewittchen zu sehen, ich will es ehren und hochachten wie mein Liebstes."

Wie er so sprach, empfanden die guten Zwerglein Mitleiden mit ihm und gaben ihm den Sarg. Der Königssohn ließ ihn nun von seinen Dienern auf den Schultern forttragen.

Da geschah es, dass sie über einen Strauch stolperten und von dem Schütteln fuhr der giftige Apfelgrütz, den Schneewittchen abgebissen hatte, aus dem Hals. Und nicht lange, so öffnete es die Augen,

hob den Deckel vom Sarg in die Höhe und richtete sich auf und war wieder lebendig. „Ach Gott, wo bin ich?", rief es. Der Königssohn sagte voll Freude: „Du bist bei mir", und erzählte, was sich zugetragen hatte, und sprach: „Ich habe dich lieber als alles auf der Welt. Komm mit mir in meines Vaters Schloss, du sollst meine Gemahlin werden."

Da war ihm Schneewittchen gut und ging mit ihm und ihre Hochzeit ward mit großer Pracht und Herrlichkeit angeordnet. Zu dem Fest wurde aber auch Schneewittchens gottlose Stiefmutter eingeladen. Wie sie sich nun mit schönen Kleidern angetan hatte, trat sie vor den Spiegel und sprach: „Spieglein, Spieglein an der Wand, wer ist die Schönste im ganzen Land?"

Der Spiegel antwortete: „Frau Königin, Ihr seid die Schönste hier, aber die junge Königin ist tausendmal schöner als Ihr."

Da stieß das böse Weib einen Fluch aus und es ward ihr so angst, so angst, dass sie sich nicht zu lassen wusste. Sie wollte zuerst gar nicht auf die Hochzeit kommen, doch ließ es ihr keine Ruhe, sie musste fort und die junge Königin sehen. Und wie sie hineintrat, erkannte sie Schneewittchen und vor Angst und Schrecken stand sie da und konnte sich nicht regen. Aber es waren schon eiserne Pantoffeln über Kohlenfeuer gestellt und wurden mit Zangen hereingetragen und vor sie hingestellt. Da musste sie in die rotglühenden Schuhe treten und so lange tanzen, bis sie tot zur Erde fiel.

Die Prinzessin
auf der Erbse

Es war einmal ein Prinz, der wollte eine Prinzessin heiraten, aber es sollte eine wirkliche Prinzessin sein.

Nun reiste er in der ganzen Welt umher, um eine solche zu finden, aber überall stand etwas im Wege. Prinzessinnen waren schon genug da, aber ob es auch wirkliche Prinzessinnen waren, dahinter konnte er durchaus nicht kommen. Immer war etwas da, das nicht stimmte.

115

So kam er denn wieder nach Hause und war ganz betrübt, denn er wollte so gern eine wirkliche Prinzessin haben.

Eines Abends entstand ein furchtbares Unwetter. Es blitzte und donnerte, der Regen strömte hernieder, es war geradezu entsetzlich. Da klopfte es an das Stadttor und der alte König ging hin, um zu öffnen. Es war eine Prinzessin, die draußen vor demselben stand.

Aber, mein Gott, wie sah sie von dem Regen und dem bösen Wetter aus. Das Wasser triefte ihr von den Haaren und Kleidern herunter und lief in die Schuhspitzen hinein und aus den Hacken wieder heraus und sie sagte, dass sie eine wirkliche Prinzessin wäre.

„Nun, das wollen wir bald genug herausbekommen!", dachte die alte Königin, sagte aber nichts. Sie ging in das Schlafzimmer, nahm alle

Betten heraus und legte eine Erbse auf den Boden der Bettstelle.

Darauf nahm sie zwanzig Matratzen, legte sie auf die Erbse und dann noch zwanzig Eierdaunenbetten oben auf die Matratzen. Da sollte die Prin-zessin nun des Nachts liegen. Am Morgen fragte man sie, wie sie geschlafen hätte.

„Oh, entsetzlich schlecht!", sagte die Prinzessin. „Ich habe fast die ganze Nacht kein Auge zutun können!

Gott weiß, was in meinem Bette gewesen ist? Ich habe auf etwas Hartem gelegen, sodass ich am ganzen Körper braun und blau bin! Es ist wahrhaft entsetzlich!"

Daran konnte man denn sehen, dass es eine wirkliche Prinzessin war, da sie durch die zwanzig Matratzen und die zwanzig Eierdaunenbetten die Erbse gefühlt hatte.

So feinfühlig konnte nur eine wirkliche Prinzessin sein!

Da nahm der Prinz sie zur Frau, denn nun wusste er, dass er eine wirkliche Prinzessin hatte und die Erbse kam auf die Kunstkammer, wo sie noch zu sehen ist, wenn sie niemand genommen hat.

Seht, das war eine wirkliche Geschichte.

Der Froschkönig
oder
Der Eiserne Heinrich

In den alten Zeiten, wo das Wünschen noch geholfen hat, lebte ein König, dessen Töchter waren alle schön, aber die jüngste war so schön, dass die Sonne selber, die doch so vieles gesehen hatte, sich verwunderte, sooft sie ihr ins Gesicht schien. Nahe bei dem Schlosse des Königs lag ein großer, dunkler Wald und in dem Walde unter einer alten Linde war ein Brunnen. Wenn nun der Tag recht heiß war, so ging

123

das Königskind hinaus in den Wald und setzte sich an den Rand des kühlen Brunnens und wenn sie Langeweile hatte, so nahm sie eine goldene Kugel, warf sie in die Höhe und fing sie wieder und das war ihr liebstes Spielwerk.

Nun trug es sich einmal zu, dass die goldene Kugel der Königstochter nicht in ihr Händchen fiel, das sie in

die Höhe gehalten hatte, sondern vorbei auf die Erde schlug und geradezu ins Wasser hineinrollte.

Die Königstochter folgte ihr mit den Augen nach, aber die Kugel verschwand und der Brunnen war tief, so tief, dass man keinen Grund sah. Da fing sie an zu weinen und weinte immer lauter und konnte sich gar nicht trösten.

Und wie sie so klagte, rief ihr jemand zu: „Was hast du vor, Königstochter, du schreist ja, dass sich ein Stein erbarmen möchte."

Sie sah sich um, woher die Stimme käme, da erblickte sie einen Frosch, der seinen dicken, hässlichen Kopf aus dem Wasser streckte.

„Ach, du bist's, alter Wasserpatscher", sagte sie, „ich weine über meine goldene Kugel, die mir in den Brunnen hinabgefallen ist."

„Sei still und weine nicht", antwortete der Frosch, „ich kann wohl Rat schaffen. Aber was gibst du mir, wenn ich dein Spielwerk wieder heraufhole?"

„Was du haben willst, lieber Frosch", sagte sie, „meine Kleider, meine Perlen und Edelsteine, auch noch die goldene Krone, die ich trage."

Der Frosch antwortete: „Deine Kleider, deine Perlen und Edelsteine und deine goldene Krone, die mag ich nicht. Aber wenn du mich lieb haben willst und ich soll dein Geselle und Spielkamerad sein, an deinem Tischlein neben dir sitzen, von deinem goldenen Tellerlein essen, aus deinem Becherlein trinken, in deinem Bettlein schlafen – wenn du mir das versprichst, so will ich hinuntersteigen und dir die goldene Kugel wieder heraufholen."

„Ach ja", sagte sie, „ich verspreche dir alles, was du willst, wenn du mir nur die Kugel wiederbringst."

Sie dachte aber: „Was der einfältige Frosch schwätzt! Der sitzt im Wasser bei seinesgleichen und quakt und kann keines Menschen Geselle sein." Der Frosch, als er die Zusage erhalten hatte, tauchte seinen Kopf unter, sank hinab und über ein Weilchen kam er wieder heraufgerudert, hatte die Kugel dabei und warf sie ins Gras. Die Königstochter war voll Freude, als sie ihr schönes Spielwerk wieder erblickte, hob es auf und sprang damit fort.

„Warte, warte", rief der Frosch, „nimm mich mit, ich kann nicht so laufen wie du." Aber was half es ihm, dass er ihr sein Quak Quak so laut nachschrie, als er konnte! Sie hörte nicht darauf,

eilte nach Haus und hatte bald den armen Frosch vergessen, der wieder in seinen Brunnen hinabsteigen musste.

Am andern Tag, als sie mit dem König und allen Hofleuten sich zur Tafel gesetzt hatte und von ihrem goldenen Tellerlein aß, da kam – plitsch platsch, plitsch platsch – etwas die Marmortreppe heraufgekrochen und als es oben angelangt war, klopfte es an die Tür und rief:

„Königstochter, jüngste, mach mir auf." Sie lief und wollte sehen, wer da draußen wäre, als sie aber aufmachte, so saß der Frosch davor.

Da warf sie die Tür hastig zu, setzte sich wieder an den Tisch und es war ihr ganz angst.

Der König sah wohl, dass ihr das Herz gewaltig klopfte und sprach: „Mein Kind, was fürchtest du dich? Steht etwa ein Riese vor der Tür und will dich holen?"

„Ach nein," antwortete sie, „es ist kein Riese, sondern ein garstiger Frosch."

„Was will der Frosch von dir?"

„Ach lieber Vater, als ich gestern im Wald bei dem Brunnen saß und spielte, da fiel meine goldene Kugel ins Wasser. Und weil ich so weinte, hat sie der Frosch wieder heraufgeholt und weil er es durchaus verlangte, so versprach ich ihm, er solle mein Geselle werden, ich dachte aber nimmermehr, dass er aus seinem Wasser heraus könnte. Nun ist er draußen und will zu mir herein."

Indem klopfte es zum zweiten Mal und rief: „Königstochter, jüngste,
mach mir auf,
weisst du nicht, was gestern
du zu mir gesagt
bei dem kühlen Brunnenwasser?
Königstochter, jüngste,
mach mir auf."

Da sagte der König: „Was du versprochen hast, das musst du auch halten, geh nur und mach ihm auf."

Sie ging und öffnete die Türe, da hüpfte der Frosch herein, ihr immer auf dem Fuße nach, bis zu ihrem Stuhl.

Da saß er und rief: „Heb mich herauf zu dir."

Sie zauderte, bis endlich der König befahl. Als der Frosch erst auf dem Stuhl war, wollte er auf den Tisch und als er da saß, sprach er: „Nun schieb mir dein goldenes Tellerlein näher, damit wir zusammen essen."

Das tat sie zwar, aber man sah wohl, dass sie's nicht gerne tat.

Der Frosch ließ sich's gut schmecken, aber ihr blieb fast jedes Bisslein im Halse.

Endlich sprach er: „Ich habe mich satt gegessen und bin müde, nun trag mich in dein Kämmerlein, und mach dein seidenes Bettlein zurecht, da wollen wir uns schlafen legen."

Die Königstochter fing an zu weinen und fürchtete sich vor dem kalten Frosch, den sie nicht anzurühren getraute und der nun in ihrem schönen, reinen Bettlein schlafen sollte. Der König aber ward zornig und sprach: „Wer dir geholfen hat,

als du in Not warst, den sollst du hernach nicht verachten."

Da packte sie ihn mit zwei Fingern, trug ihn hinauf und setzte ihn in eine Ecke. Als sie aber im Bett lag, kam er gekrochen und sprach: „Ich bin müde, ich will schlafen so gut wie du. Heb mich herauf oder ich sag's deinem Vater."

Da ward sie erst bitterböse, holte ihn herauf und warf ihn aus allen Kräften wider die Wand: „Nun wirst du Ruhe haben, du garstiger Frosch."

Als er aber herabfiel, war er kein Frosch, sondern ein Königssohn mit schönen und freundlichen Augen. Der war nun nach ihres Vaters Willen ihr Geselle und Gemahl.

Da erzählte er ihr, er wäre von einer bösen Hexe verwünscht worden und niemand hätte ihn aus dem Brunnen erlösen können als sie allein und morgen wollten sie zusammen in sein Reich gehen. Dann schliefen sie ein und am andern Morgen, als die Sonne sie aufweckte, kam ein

Wagen herangefahren mit acht weißen Pferden bespannt, die hatten
weiße Straußfedern auf dem Kopf
und gingen in goldenen Ketten und
hinten stand der Diener des jungen
Königs, das war der treue Heinrich.
Der treue Heinrich hatte sich so
betrübt, als sein Herr war in einen
Frosch verwandelt worden, dass er
drei eiserne Bande hatte um sein Herz
legen lassen, damit es ihm nicht vor
Weh und Traurigkeit zerspränge.
Der Wagen aber sollte den jungen
König in sein Reich abholen. Der
treue Heinrich hob beide hinein,
stellte sich wieder hinten auf und
war voller Freude über die Erlösung.
Und als sie ein Stück Wegs gefahren

waren, hörte der Königssohn, dass
es hinter ihm krachte, als wäre etwas
zerbrochen. Da drehte er sich um
und rief:
„Heinrich, der Wagen bricht."
„Nein Herr, der Wagen nicht,
es ist ein Band von meinem Herzen,
das da lag in großen Schmerzen,
als ihr in dem Brunnen saßt,
als ihr eine Fretsche (Frosch) wast
(wart)."
Noch einmal und noch einmal
krachte es auf dem Weg und der Königssohn meinte immer, der Wagen
bräche und es waren doch nur die
Bande, die vom Herzen des treuen
Heinrich absprangen, weil sein Herr
erlöst und glücklich war.

Hans Christian Andersen
(1805-1875)

wurde in Odense auf der dänischen Insel Fünen geboren. Bekannt wurde er vor allem durch seine über 160 Märchen, die bereits zu Lebzeiten in zahlreiche Sprachen übersetzt wurden und sich großer Beliebtheit erfreuten. Andersens Märchen erreichen Kinder und Erwachsene gleichermaßen. Der Dichter selbst schreibt: „Die Kinder vergnügt am meisten, was ich die Staffage nennen würde; der Ältere interessiert sich hingegen für die tiefere Idee.“

In dieser Sammlung enthalten: **Die kleine Seejungfrau** und **Die Prinzessin auf der Erbse** (beide ausgewählt und nacherzählt von Arnica Esterl)

Die Brüder Jakob (1785-1863) und
Wilhelm (1786-1859) Grimm

stammten aus Hanau und waren als Sprach- und Literaturwissenschaftler tätig. Sie gelten als Mitbegründer der Germanistik. Weltweiten Ruhm erlangten sie durch ihre Sammlung der „Kinder- und Hausmärchen“, die erstmals im Jahre 1812 erschien. Keine andere Märchensammlung prägte derart nachhaltig Generationen von Kindern, wie die von den Brüdern Grimm gesammelten Volksmärchen, die sie sich mündlich erzählen ließen oder aus vielen literarischen Quellen zu einem Werk zusammentrugen.

In dieser Sammlung enthalten: **Dornröschen, Aschenputtel, Die zertanzten Schuhe, Die Gänsemagd, Schneewittchen** und **Der Froschkönig.**

Anica Esterl

wurde 1933 in DenHaag geboren und befasst sich seit Jahrzehnten theoretisch und als mündliche Erzählerin mit dem Märchen. Sie veröffentlichte zahlreiche Bearbeitungen internationaler Märchen, übersetzt Kinderbücher vorwiegend aus dem Niederländischen und arbeitete in den Neuzigerjahren für den Rundfunk.

Esterl ist seit 1976 Mitglied der Europäischen Märchengesellschaft und gehörte 1979 zu den Mitbegründern des Stuttgarter Märchenkreises. Für den Esslinger Verlag hat sie zahlreiche Märchen und Klassiker in einfühlsamer Weise und mit großem Respekt vor dem Originaltext kindgerecht nacherzählt.

Anastassija Archipowa

wurde 1955 in Moskau geboren. Hier lebt und arbeitet sie auch heute noch, glücklich und zufrieden im Schoße ihrer Großfamilie. Ihre Bilder werden weltweit ausgestellt, finden große Beachtung und wurden schon mit zahlreichen Preisen ausgezeichnet. Sie hat für den Esslinger Verlag viele Mär-

chen illustriert – vor allem von Hans Christian Andersen, dessen Märchen sie besonders liebt. „Ich wähle nie absichtlich eine künstlerische Form. Es ist im einzelnen Fall ein natürlicher Ausdruck meines gesamten Vorstellungsrahmens und meiner Haltung gegenüber der Welt."

H. C. Andersen / A. Esterl
**Die schönsten Märchen
von Hans Christian Andersen**
ISBN 978-3-480-22876-8

Grimm / A. Esterl
**Die schönsten Märchen
der Brüder Grimm**
ISBN 978-3-480-22754-9

Weitere hochwertig illustrierte Märchensammlungen:

Grimm / A. Esterl
**Die schönsten Sagen
der Brüder Grimm**
ISBN 978-3-480-23098-3

A. Puschkin u. a. / G. Spirin
**Die schönsten Märchen
aus Russland**
ISBN 978-3-480-22877-5